日経文庫
NIKKEI BUNKO

仕事で恥をかかない
ビジネスマナー

岩下宣子 [監修]

日本経済新聞出版社 [編]

JN229650

日本経済新聞出版社

「思いやり不足」で損をしないために

ビジネスマナーというと、「〜は NG」「〜してはいけない」など、規制ばかりするイメージがありませんか？

じつは、ビジネスマナーでもっとも重要なのは、「思いやり」「気づかい」です。社会人経験が浅いために必要な場面が想像しづらいだけで、知ればごく当たり前のこととして実践できます。

思いやりが足りない人は、損をします。しかし、どんなに根がやさしい人でも、ビジネスマナーを知らないと、誤解されてしまいます。

本書では、社会人として最低限おさえておきたいビジネスマナーを紹介します。また、スマホなどでSNSを利用するみなさんが、「こういうとき、どうするの？」と、とまどいそうな場合の指針も示しました。

ぜひ、デスクに 1 冊常備して、ご活用ください。

現代礼法研究所　岩下宣子

本書で得られる 3つのメリット

ビジネスマンに必要な知識と教養の第一歩、「マナー」を解説します。

メリット 1 社会人として最低限知っておくべきことがわかる！

上司から「最近の若いヤツは……」と言われなくなります。

メリット 2
トラブルや事故にも
あわてずに対応ができる！

「落ち着いて、頼もしい人物」として、一目おかれます。

メリット 3
人間関係が円滑になり
信頼される人間になる！

社内外の人たちからかわいがってもらえます。

さぁ、この本で
できる社員になろう！

── CONTENTS ──

Chapter 1 最低限おさえておきたい「社会人の常識」

Chapter 2 できる社員が実践する「勤務中のマナー」

Chapter 3	失礼のない「訪問」と「来客応対」のルール

Chapter 4	ストレスなく好感度を上げる「つきあい」術

STAFF

編集・構成	造事務所
文	倉田楽、菅野徹
本文マンガ・イラスト	室木おすし
本文デザイン	造事務所
DTP	星島正明

最低限おさえておきたい 「社会人の常識」

働き方は人それぞれ。でも、ビジネスマナーを知らないと無礼者になります。「自分は自分」と個性を主張する前に、社会人としての常識をおさえ、なぜそれが必要なのかを理解しましょう。

ご苦労様とお疲れ様

会社と役職名の呼び方

会社という組織に属するうえで、常識として知っておくべき言葉づかいを紹介します。

心　得　正式な書類では省略しない

　株式会社や有限会社、公益社団法人など、会社には正式な名前（商号）があります。社外向けの書類に正式な社名を記入する場合は、「株式会社」を「㈱」などと省略しないように注意しましょう。

　もちろん、取引先とメールでやりとりする場合などでも注意が必要です。正式名では漢字で旧字体（むずかしい字）を使っていることも。会社名をまちがえるのは、たいへん失礼にあたります。

言葉遣い　口頭では御社（おんしゃ）、書類では貴社（きしゃ）

　"あなたの会社" という意味の言葉に、"御社" と "貴社" があります。どちらも尊敬語で、"御社" は話し言葉として、"貴社" は書き言葉に使います。

　"私の会社" という意味の言葉としては、"弊社（へいしゃ）"、"小社（しょうしゃ）" があります。ともに謙譲語で、口語・文語両方に使えます。"当社" は "我が社" と同じ意味で、へりくだった意味はありません。話し言葉では、"私ども○○社" という丁寧な表現もあります。

よくある失敗 パーティー参加者の名簿を作成中、取引先A社のところで会長、社長の順で書いたら、「社長、会長の順に作り直してくれ」と指示が……。序列は、必ずその会社に確認を。

注意事項 ふたつの系統がある役職（肩書き）

役職（肩書きとも）には、法律に従って定める"役員"と、社内の規定によって定めるものがあります。一般的な株式会社の場合、"取締役"とその代表である"代表取締役"などが法律で定められる役員です。役員は従業員ではありません。その他の社長、課長などの役職は、各社が独自に決めた「役割の呼称」です。

役員がそれらの役割を担う場合、多くは"代表取締役社長"、"取締役営業部長"のように、肩書きもつきます。

こんな場合 専務と常務は専務が上

最近だと、役員の肩書きにはさまざまなバリエーションがあります。アルファベットの場合は、右の表を参考にしましょう。

また、わかりにくい専務と常務は、一般的に専務のほうが上位です。

横文字の肩書きとその実態

英語表記	名　称（近い職位）
CEO	最高経営責任者 （≒会長、社長）
COO	最高執行責任者 （≒社長、副社長）
CFO	最高財務責任者 （≒財務担当役員）
CIO	最高情報責任者 （≒IT担当役員）
CTO	最高技術責任者 （≒技術担当役員）

社内と社外の序列

呼び方や接し方は社内の役職を意識しましょう。ただし、通常は社外の人が優先されることを忘れずに。

心得 内と外の優先順位を理解する

社内と社外では、つねに社外が優先されます。取引先の序列のつけ方は、会社によって異なるので、把握しておきましょう。一般的には、顧客（販売先）、仕入れ元、外注先、その他の業者の順で、それぞれ取引額が大きい会社が上位です。ただし、どの会社に欠けられても困るという気持ちで、真摯に接することが大切です。

社内の優先順位は、役職の高い順、次に勤続年数順、続いて年齢順です。

言葉遣い 社内の呼び方にもルールあり

「○○課長、おはようございます」「○○部長からの伝言です」社内で名前を呼ぶときは、役職名をつけて呼ぶのが一般的です。ただし社長に対しては「社長」とだけ呼んだり、一定の役職までは「○○さん」と呼んだり、社長を含め、全員「○○さん」で統一していたりと、会社によってルールはバラバラ。しっかり把握しましょう。

会社の序列は、あくまでも役職主義。年齢や性別を理由に正しく呼ばないのは、非常に失礼な態度です。

よくある失敗 「(先方の電話) 田中課長さんはいらっしゃいますか?」「(応じて) 田中課長さんは席を外していらっしゃいます」……相手につられて、社内の人に尊敬語を使わないよう注意しましょう。

注意事項 地方拠点の序列も把握を

支社や支店、営業所や出張所などの地方拠点がある場合は、その序列も確認します。

とくに、各拠点の役職(支社長、副支店長など)が、本社の役職の序列では、どの位置に相当するかなどを把握しておきましょう。

グループ会社(親会社、子会社、関連会社など)がある場合も同様です。ただし、子会社や支店を、むやみに「下に見る」ことのないように。

こんな場合 接客中なら社外を優先する

たとえば、もし接客している最中に、上司から呼ばれた場合は、どうすべきでしょうか? まず、優先すべきは社外ですので、接客を継続します。お客様対応がすんでから、上司のもとへ行き、「先ほどは接客中でしたので、失礼いたしました」と伝えましょう。

もし接客が長引きそうな場合は、相手に「○分ほど失礼します」と伝えて中座し、上司に接客中であることを伝えて戻ります。

時間厳守はマナー以前の常識

時間厳守は、社会人として当たり前のこと。つねに
時間を意識して、仕事の質を向上させましょう。

心得　遅刻は相手にも、会社にも損害

　寝坊して会社に遅刻……。当然、社内での信用を落とします。常習は論外ですが、たった一度でも、"頼りにならない"と思われてしまうのが遅刻の怖いところです。

　取引先との約束時間に遅れれば、さらに事態は深刻です。失った時間は取り戻せません。そして、相手の時間を奪うことは、取り返しがつかない迷惑になります。その遅刻が、会社の信用に傷をつけ、取引に悪影響をおよぼすのだと、肝に銘じましょう。

手順　集合場所には一番に着いておく

　会議のときは、開始5分前に着席し、配付資料があれば目を通すのが常識。アポイント時間は、集合場所に約10分前に到着し、決して相手を待たせることがないようにします。

　複数の人が同じ場所、同じ時間に集まる状況では、絶対に遅れることは許されません。なぜなら、「ひとりの遅刻によって失われた時間」×「集まる人数」が失われてしまうからです。

よくある失敗　取引先の役員との面会の日、早く出たのに電車が事故で止まり、駅で待機して遅刻……。絶対遅れてはいけない日は、最悪を想定してタクシー移動などの別方法を調べておきましょう。

言葉遣い 遅れるなら10分前に電話を

　約束の時間や、出社時間に遅刻してしまうことが判明したら、その時点ですぐに電話を。最低でも10分前までには電話しましょう。

「申し訳ございません、○分ほど遅刻いたします」と、謝罪に加えどれくらい遅れるかを伝えます。もし、どうしても進めてほしいこと、代理で行なってほしいことがあればお願いします。大幅に遅れることで、先方から予定の中止を告げられれば、丁重に謝罪して従います。

こんな場合 昼休みや18時以降は電話しない

　よほどの緊急事項でなければ、昼食時間に連絡をするのはマナー違反。一般的には12 〜 13時、会社によってずらしていることもありますので、よく連絡をする相手の休憩時間は把握しておきましょう。夜も18時以後の電話は避け、翌営業日にあらためます。

　電話は、声でニュアンスを伝えられる代わりに、相手の時間を奪ってしまいます。用件によっては、メールですませることもマナーです。

敬語の基礎知識

尊敬の気持ちを言葉で表わす敬語。心のこもってい
ない過剰な表現は嫌味になるので注意を。

言葉遣い 尊敬語とは、相手を立てる言い方

　相手の立場を高くして、敬意を示す表現が尊敬語です。目上の人や社外の人の動作や状態に対して使います。目上の人は上司や先輩、社外の人とは、顧客や仕入れ元などです。その人の動作を表わす言葉を置き換えます。
　・動詞＋れる（られる）→会われる・買われる
　・お（ご）＋〜になる→お使いになる・お帰りになる
　・お（ご）＋〜くださる→お話くださる・ご覧くださる
　また、御社、お車、お住まい、ご尊顔などのように、名詞にも「貴」「お」「ご」をつけます。

言葉遣い 謙譲語とは、自分を下げる言い方

　自分の立場を低くして、相手を立てる表現が謙譲語です。自分（自分の身内、自社）の呼び方、動作、状態を表わす言葉を置き換えます。
　弊社、微力、拙文、粗品、参る、伺う、申す、拝聴する、存じ上げる、申し上げる、差し上げる、戴く、お目にかかる、お邪魔する、承知するなど、多くの表現があります。

よくある失敗 　はずかしいのは、「豪華な食事でいらっしゃいますね」（物に敬語）、「お伺いさせていただきます」（二重敬語）、「いかがいたしますか」（相手に謙譲語）などです。気をつけましょう。

言葉遣い 丁寧語とは、「です」「ます」「決まり文句」

　文末に「です」「ます」などをつけた言葉遣いが丁寧語です。どこの会社でも使われる丁寧語の「決まり文句」もあります。

　決まり文句の例には、「はい、かしこまりました」「いつもお世話になっております」「おそれ入ります」「申し訳ございません」「よろしいでしょうか」「お手数ですが」「ご面倒をおかけしますが」「いかがなさいますか」「お忙しいところ申し訳ございません」などがあります。

┃置き換え語の例（尊敬語、謙譲語）

もとの言葉	尊敬語	謙譲語
する	なさる	いたす
言う	おっしゃる・言われる	申す・申し上げる
聞く	聞かれる	うかがう・うけたまわる
来る	お越しになる	参る
見る	ご覧になる	拝見する
食べる	召し上がる	いただく
与える	くださる	差し上げる・あげる

お辞儀の常識

日本の伝統的なあいさつ、お辞儀は姿勢がとくに重要。正しい姿勢で好印象を与えましょう。

手順 相手の目を見てから頭を下げる

①立ち止まり、背筋を伸ばし、相手の目を見ます。②あいさつであれば笑顔で、謝罪であれば反省の面持ちで、言葉を述べます。③言葉が終わるあたりから、腰から折るように上体を倒していきます。④頭を下げて、相手への敬意（または謝意）を表わします。

お辞儀は、その昔、武士が弱点である頭のてっぺんを相手に見せて、敵意がないことを示したことに由来すると言われています。

姿勢 会釈・敬礼・最敬礼・謝罪で使い分けを

上体を曲げる角度のちがいにより、3種類のお辞儀があります。15度傾ける「会釈」は、社内での日常のあいさつなどに使います。45度傾ける「敬礼」は、お客さまや初対面の人に用います。70度まで深く曲げる「最敬礼」は、お礼をするときに使います。謝罪をするときは、さらに90度まで倒します。

もとの姿勢に戻るときも、いったん15度の角度で止め、相手より早く戻さないよう注意しましょう。

よくある失敗 ミスをして課長とともに先方に謝罪。頭を下げたつもりが「首だけ曲げる仕草は、何のつもり？課長、ちゃんと教育しないと！」と、さらに深刻なトラブルになることがあります。

注意事項 お辞儀しながらあいさつしない

　お辞儀をするときに気をつけたいのは、あいさつをしながら頭を下げないことです。「おはようございます」の「す」を言い終わってから、頭を下げましょう。「ございます」と言いながら頭を下げている人もいますが、言い終わってからのほうが、印象がよいでしょう。

　また、相手が退室したり、エレベーターで見送ったりする場合は、頭を下げたままにします。見えなくなるまで頭を下げるようにしましょう。

▌4つのお辞儀

● 会釈　　　● 敬礼　　　● 最敬礼　　　● 謝罪

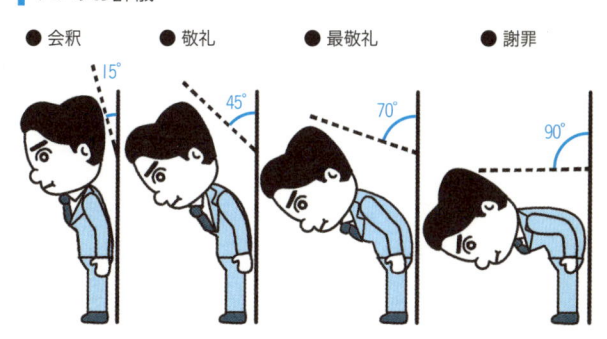

15°　　45°　　70°　　90°

名刺交換のマナー

名刺は名前と連絡先が書かれたただの紙ではなく、
連絡の許可証です。丁寧に取り扱いましょう。

手 順　外出時はつねにきれいな名刺を用意

　名刺入れに、汚れや折れのないきれいな名刺を複数枚
用意しておきます。定期入れや手帳の中に、数枚の予備
を入れておくのもよいでしょう。

　渡すときは、訪問したほうが相手の近くに歩み寄って
交換します。テーブルを挟んで交換するのは、おすすめ
できません。いったん横に回り込んで、近づきましょう。

　相手の目を見て「はじめまして」とあいさつを述べて
から、交換するのが礼儀です。

姿 勢　名刺入れをお盆がわりに使う

　交換するときは、かならず立ちましょう。

　名刺入れをお盆がわりにして両手で差し出し、相手の
名刺とぶつからないように、右手で相手の名刺入れの上
へ運び、置くように渡しましょう。

　同時に、左手で持った名刺入れの上に、相手の名刺を
置いてもらいます。このとき、すぐに右手をそえます。

　受け取った相手の名刺は、つねに両手で持つことを意
識しましょう。

 **よくある失敗** 自分の名刺を差し出したつもりが、他人の名刺で……。名刺入れの収納ルールを決めましょう。自分の名刺と、受け取った名刺の収納場所を同じにすると、まちがいが起こりやすくなります。

言葉遣い 手を動かしつつ名乗りあう

名刺交換では、渡しながら名乗ります。「○○と申します。鈴木様、よろしくお願いいたします」というように、相手の名前を呼びかけると、記憶が定着し、印象もよくなります。

来客との名刺交換の場合、受け取った名刺を見て、ひと言よい感想を述べるのはOK。また、所在地を見て「最寄りは××駅ですか」などと聞けば、雰囲気がなごみ、本題への移行もスムーズになります。

こんな場合 スペースがなければしまってOK

複数で名刺を交換する場合、受け取った名刺は座席の順にならべましょう。ただし、そのあとの商談で邪魔になってしまうことがあります。そんなときは「では、お名刺いただきます」とひと声かけて、名刺入れにしまってもかまいません。

なお、名刺に会った日などを書き込んで管理すると、次に連絡・面会するときに役立ちますが、その場で書き込むのは失礼にあたります。

服装の常識

仕事を一緒にしたくないと思われないよう、「さっぱり」「こぎれい」を心がけましょう。

心得 着衣の乱れは不信感を与える

「清潔感に欠ける」「だらしない」このふたつは絶対に避けましょう。汚れている、臭いがする、すり切れている……。そんなだらしない人とは、一緒に仕事をしたくありません。衿がめくれている、シャツのそで口が黄色い、ズボンがずり下がっている、靴が汚れている……。とくに初対面の相手は、細かいところまでよく見ています。

　服装が乱れていることに気づかない人は、仕事でも大事なところに気づかない、と思われてしまいます。

手順 スーツはジャストサイズで

　男性のスーツは、体型に合ったサイズで、色は濃紺かグレーが無難。細身すぎやズボンの腰ばきはNGです。シャツは白か薄い色で、衿はレギュラーカラーが無難。第1ボタンまでとめてから、ネクタイを結びましょう。

　女性は、ジャケット、スカート、パンツのセットアップが便利です。1着は濃紺やグレーなどの濃い色を用意しておきましょう。インナーも、シンプルなシャツかブラウスが基本です。

よくある失敗

「ズボンがテカテカしているぞ」と、先輩から指摘されました。スーツは着続けると繊維がつぶれ、テカります。必ず複数着を用意して、ブラッシングなどのテカり対策も忘れずに。

姿勢　きれいな立ち姿で好感度アップ

　あごを引いて背筋を伸ばし、がに股にならず、力を抜いて立つのが基本姿勢。普通のスーツを、落ち着いた色づかいでコーディネートすれば、悪印象を持たれることはまずありません。

　業界によっては、おしゃれも武器になりますが、若い社員が、高そうなスーツを着ていたら、「生意気」「軽薄」と思われる可能性もあります。上司や先輩を参考にしながら、年相応の着こなしをしましょう。

こんな場合　女性のクールビズは清楚に

　クールビズは、会社によって軽装の度合いがちがうので、先輩を参考に。男性の基本は、上がボタンダウンシャツ、下がチノパンです。

　ポロシャツの場合は、衿のしっかりしたものを選びましょう。夏用のジャケットが1着あると便利です。

　女性の場合は、露出が過剰になるのはNG。清楚さを失わず、清涼感のある素材を選びましょう。ストッキングは必須です。

身だしなみの基本

「清潔感」を優先することを第一に。周囲に不快感
を与えないのが身だしなみです。

心得 前髪は目にかからない長さに

　ワックスでベトベトになる髪型は当然NGですが、寝
ぐせのような「無造作ヘア」スタイルも厳禁です。

　男性の前髪は、目にかかってはいけません。額を出す
かどうかは先輩を参考にしましょう。衿足は短く。後ろ
やサイドをバリカンで短く刈り上げるヘアスタイルや坊
主は、相手に威圧感を与えるので控えましょう。職場に
よって多少のアレンジはOKですが、美容室や理容室で
は「スッキリ」「清潔感」とリクエストしましょう。

手順 毛と皮膚、爪は必ずケア

　周囲に不快感を与えていないか、不潔な印象になって
いないか、いつも配慮することが大切です。

　ひげは毎朝きれいに剃ります。鼻の穴、耳の穴、目の
まわりから、毛や異物が出ていないかは鏡で確認を。爪
は短くします。こまめな歯磨きと、ミントタブレットな
どで口臭もケアしましょう。夏は制汗剤の活用を。

　ワイシャツの衿やそでの黄ばみ、黒ずみは洗濯でもと
れにくいので、クリーニングしたほうがよいでしょう。

よくある失敗　隣の席の先輩から「おい、耳アカが見えるぞ」と、注意されました。鼻毛は毎朝チェックしているけど、耳の穴は……。夏場などたまりやすい時期もあり、不潔な印象を与えるので要注意。

物選び　高価＆カジュアルはNG

　小物類は、高価＆カジュアルを避けるのが基本。ベルトは黒か茶でバックルが小さく、シンプルなデザインのものを。腕時計は、ゴツゴツしたものを避けましょう。高級ブランド品だからと、見せびらかすように着用するのは禁物です。

　眉はプロに整えてもらうのがベスト。理容室で「眉も自然な感じに整えて」と注文します。自分で手入れする場合、細くなりすぎないように注意。

こんな場合　生え際が目立たない色に

　業種によって許される髪型が異なりますが、女性ならカラーやパーマもOK。ただしそれは、あくまでも好感度をアップさせるのが目的です。

　カラーは、生え際が黒くなると目立つので、暗めの茶色にしておくのが無難です。また、個性を出すのではなく、上品に見えるかどうかで判断しましょう。

　メイクは、自分の素顔を生かすナチュラルメイクが基本です。香水を使うならさわやかで弱い香りを選びます。

通勤時の常識とマナー

トラブルが発生すると、仕事が遅れるだけでなく、
会社の信用問題にもつながります。

心得 寛大な気持ちでトラブルを避ける

　通勤ラッシュ時には、周囲をよく見て、秩序を守ることが大切です。混みあった駅ホームや、電車・バス内では、乗り降りの順序を守りましょう。ルールはただひとつ、つねに「降りる人が先」です。

　また身動きが取れない満員の車内では、寛大な気持ちも大切です。隣の人にぶつかったり、足を踏まれたりすることもあります。"おたがい様"の気持ちを忘れずに。怒りをぶつけあうのは、無用なトラブルのもとです。

手順 電車が遅れたらすぐ連絡を

　少しの遅れでイライラしていると、周囲の人とのトラブルの原因になります。そんなことより、会社への連絡を気にしましょう。途中の駅で停車した場合は、降りて会社に電話で連絡をします。走行中に停まったら、車中でメールで遅れる旨を連絡してもOK。アポイントメントに向かう場合は、先方にもすぐ連絡しましょう。

　どれくらい遅れるかわからないときは、「時間が見えません」と状況を伝え、先方と相談しましょう。

よくある失敗　電車より早く着くからと自転車通勤を選択し、会社の近くに停めていたら撤去された……。撤去料金を支払うくらいならまだマシ。交通費の不正受給が発覚したら、懲戒処分の可能性大です。

言葉遣い 黙って立ち、席を譲るのも手

　席を譲るときは「どうぞ、お座りください」と声をかけます。「ありがとうございます」と言われたら、「いいえ、どういたしまして」と返しましょう。

　ただし、よかれと思って声をかけたら、まれに「年寄り扱いするな」と怒鳴られることもあるので、不安なら黙って席を立ってもかまいません。

　また、席を立ったら離れた位置に移動しましょう。こうすれば、おたがいに気をつかうこともなくなります。

こんな場合 通勤手段の変更は許可を取る

　マイカー、バイク、自転車での通勤は、必ず会社の許可を取ってから。勝手に変更すると、重大な規定違反になります。通勤中の事故は労災になり、補償されることもありますが、正規に届け出ていない交通手段やルートを使うと、対象外となる可能性大です。

　渋滞や事故、法律違反など、リスクが増えることを自覚し、通勤手段やルートを無断で変更しないように注意しましょう。

Chapter 2

できる社員が実践する
「勤務中のマナー」

仕事を円滑に進め、社内外での信頼関係を
築いていくためには礼儀が必要です。「できる
社員」になるには、業務遂行能力を高めるだ
けでなく、マナーをマスターする必要があります。

エレベーターにて

こうなりたくない
あなたは

出社したときのあいさつ

さわやかなあいさつは仕事への意欲の表われ。まず
自分からやる気を示しましょう。

心　得　あいさつができる会社は業績がよい

　あいさつがいいと人間関係をうまく築くことができます。人から好かれる、明るいあいさつを心がけましょう。時間帯、状況、相手によって、名前をそえてみたり、表情を変えてみたり、変化があると、印象がよくなります。

　正しいあいさつができる会社は、業績がよい――これは、ビジネスマンにとって常識です。そういう会社を訪れると、働いている人の表情が活き活きしています。

　あいさつは会社の要と言われるほど、大切なのです。

手　順　相手の目を見て「おはよう」

　朝のあいさつは、相手の目を見て、笑顔とともにはつらつと発声し、浅い会釈をします。自分から意識して積極的に行ないましょう。

　もしデスクに座って調べごとをしているときに、出社した先輩からからあいさつされたら、手を止めて相手の顔を見てから、「おはようございます」と会釈します。声だけであいさつするのは、たいへん失礼なことですので、絶対にしてはいけません。

よくある失敗 朝一番、いつものように「おはようございます！」と元気にあいさつしたら、すぐ近くでミーティングしている人たちがいて、迷惑に……。状況を見ることも大事です。

言葉遣い 「おはようございます」は10時半まで

社会的な常識として、朝のあいさつ「おはようございます」を使うのは、午前10時半ごろまで。会社内では、それ以後のあいさつは目礼（会釈）、または「お疲れ様です」が基本です。

ただし慣習として、その日はじめてのあいさつは、時刻にかかわらず「おはようございます」と言う職場もあります。交代で深夜まで仕事をする職場などで、その傾向があります。業態や会社のルールに合わせましょう。

こんな場合 「もしかして」と思ったら会釈

あいさつのコツは、「先手必勝」。先輩、後輩関係なく、先にあいさつをする習慣を身につけましょう。

たとえば、駅からの途中で、何となく目があったような気がしたけど、まだ新入社員なので同じ会社の人かどうか確信が持てない……。迷った場合は、会釈をしましょう。気づいているのに無視されるのは、気分のよいものではないでしょう。もし、無関係な人にあいさつをしたとしても、失礼にはなりません。

仕事を命じられたときのマナー

必要に応じてメモを取りながら説明を受け、最後に
指示を復唱。疑問点はその場でたずねましょう。

手順 指示内容をしっかり理解し、確認する

　上司から仕事を指示されたら、必要に応じてメモを取
りながら説明を受けましょう。このときのポイントは、
ただ聞くのではなく適度にアイコンタクトを取りなが
ら、うなずいたり相づちを打ったりして、理解している
ことを示しながら傾聴（けいちょう）することです。

　疑問点が生じたら、その場で質問してもかまいません。
上司の説明が終わったら、指示・命令を復唱し、自分の
理解がまちがっていないか確認しましょう。

言葉遣い 敬意をこめて端的に意思表示をする

　説明が理解できたときの返事は、「はい」です。質問
があるときは「お伺いしたいことがあるのですが」、上
司の説明が足りないときは「……について、もう少しく
わしく教えていただきのですが」と切り出しましょう。

　最後に、内容を確認するときは「××までに○○する
ということで、よろしいでしょうか？」と、自分の理解
したことを伝えましょう。すべてに共通するポイントは、
敬意を込めつつ、端的に意思表示することです。

よくある失敗 上司の説明をしっかり聞かない人は、「会議で配るコピーの部数が足りない」といった初歩的なミスを犯しがちです。コピーひとつでも、部数や用紙サイズ、とじ方などきちんと確認しましょう。

こんな場合 進捗は「数字」を使って報告する

「お願いした件、どうなっている？」と聞かれた場合、「いま、やっています」といった返事はNGです。

　上司の顔を見て、「はい、本日の午後×時までに終わります」「はい、全体の7割まで進んでいます（あと3割ほど残っています）」といったように、完了する日時やすでに完了した量・割合（残っている量・割合）などを、具体的な数字を使って報告しましょう。なお、期限に間に合いそうにないときは、すばやい報告が必要です。

注意事項 安うけ合いせず丁寧に断わる

　むずかしい仕事を上司から指示された場合、何とかなるだろうと安うけ合いし、ギリギリになって「やっぱりできませんでした」と謝罪することになれば、信用を失ってしまいます。手に負えない仕事とわかった場合、勇気を出してそう伝えることも、大切なマナーです。

　ただし、「できません」は禁句。「申し訳ありません。私では力不足です」「○日以降でしたらお受けできますが」など、やわらかな表現で伝えましょう。

仕事の報告をするときのマナー

どんな職場でも上司への報告はコミュニケーション
の基本。結論から伝えるのがコツです。

手 順　急ぎの場合は口頭で伝える

　上司への報告は、仕事の途中経過や完了を伝えるとき
のほか、変更や修正が必要なときにも必要です。

　報告には、文章にまとめて提出する方法と口頭で伝え
る方法のほか、電話やメールで伝える方法があります。

　一刻も早い決断が必要な報告や、関係者にもすぐに知
ってもらう必要がある場合は、急いで口頭で伝えましょ
う。ただし、上司にも仕事があるので、相手の邪魔にな
らないよう気を配って行なってください。

言葉遣い　結論を先に、簡潔に話す

　口頭で報告するときは、「○○部長、いまお時間よろし
いでしょうか」と切り出し、了承を得てから話しはじめ
ます。次に、「A社の契約の件で、ご報告したいことがあ
ります」といったように、何の報告かを説明しましょう。

　本題は、結論を先に述べ、次にその理由、途中経過を
簡潔に報告するのがよいでしょう。そのため、事前に報
告したい要点をメモにまとめ、順序立てて話ができるよ
うにしておきましょう。

よくある失敗　メールで上司に仕事の進捗を報告していたら、まったく見ておらず、報告が放置されたままになりました。このようなことがないよう、大切なことは上司に直接ひと言伝えるようにしましょう。

書式　1枚の紙にまとめて見やすくする

　文書で報告する場合は、多忙な上司でもすぐに概要を把握できるよう、書類をなるべく1枚の紙にまとめましょう。要旨だけならA4用紙1枚、詳細と意見をそえる報告書でも、2〜3枚以内にまとめるようにします。

　報告書を作成する際のポイントは、日時、場所、目的、内容など、必要な情報を客観的に、かつ簡潔に記入することです。意見は、必要とされていない場合は記入しないようにしましょう。

こんな場合　メモやメールで伝える

　忙しくてデスクにいない上司に口頭で報告したいときには、報告を先延ばしにしないために、次のようなメモやメールで用件を伝えましょう。

「○○部長、お忙しいところ恐縮ですが、××の件でご報告したいことがございます。お時間が取れる際に、お手数ですが、お声をかけていただけますでしょうか。どうぞよろしくお願いします」。これを読んだ上司は、都合のついたときに声をかけてくれるでしょう。

手伝ってもらったときのお礼

先輩や同僚に仕事を手伝ってもらったときは、かならず感謝の気持ちを言葉で伝えましょう。

手順　お礼を伝えてから軽く頭を下げる

　上司から命令された仕事が、期限までに間に合いそうにないときや、体調が悪いときなど、先輩や同僚に仕事を手伝ってもらうことはあるでしょう。そのときは、仕事が終わった時点で、必ず相手に感謝の気持ちを口頭で伝えましょう。

　相手の目を見て、お礼の言葉を伝え、軽くお辞儀をすると、しっかりした社会人として見てもらえます。このとき、言葉を伝えてから頭を下げるのがマナーです。

言葉遣い　感謝の気持ちを丁寧に伝える

　相手が同僚や後輩なら「どうもありがとう。助かりました」でかまいませんが、先輩や上司であれば、敬語を使って感謝（謝罪）の気持ちを伝えましょう。

　まず「お手間（お手数）をおかけしました」とあいさつし、次に「（○○部長に、××さんに）お手伝いいただき、申し訳ありませんでした。ありがとうございます」、または「おかげさまで、ぶじに△△できました。ありがとうございます」と丁寧に話しましょう。

よくある失敗 仕事を手伝ってくれた先輩にお礼しなかったため、仕事を手伝ってほしいときに先輩からサポートしてもらえなかった若手社員がいます。感謝の気持ちは、すぐ伝えましょう。

書 式 文書では「ご尽力」「お力添え」を使おう

手伝ってくれた相手が得意先や取引先の人の場合、お礼に出向く前に、お礼状を届けたり、メールで感謝の思いを伝えたりするケースもあるでしょう。

その際は、「○○様にはご尽力（お力添えを）いただきまして、厚くお礼申し上げます」といったように、援助や協力を表わす尊敬語の「ご尽力」や「お力添え」という言葉を使いましょう。これをマスターすれば、「しっかりした若者だ」と、一目置かれるはずです。

お返し 「お役に立ててうれしい」と伝える

上司の仕事を手伝って、お礼を言われたときの返し方も覚えておきましょう。「お役に立ててうれしいです」「こちらこそ、一緒に仕事させていただいて勉強になりました」といったように、相手に感謝の気持ちを伝えるくらいの返答をするのがベストです。

最後に、「また、何かありましたら、いつでもお声をかけてください」と伝えれば、印象がグンとよくなり、好感を抱いてもらえることでしょう。

失敗したときの謝罪

どんな人でも仕事に失敗はつきものです。そんなと
きは、まずしっかり謝罪することが肝心です。

手順 反省していることをまず伝える

　重要なのは、失敗に気づいたあとの対処法です。すぐ
に上司に報告し、対処法を確認しましょう。とくに、す
ばやい対応が求められます。問題が発覚してから時間が
あいてしまうと、いくら丁寧な謝罪をしても、失敗を隠
そうとしたように受け止められてしまいます。

　得意先に迷惑をかけたときには、相手にすぐに電話を
入れて謝罪します。そのあとに直接謝罪に出向きましょ
う。相手に誠意が伝わるようにすることが大切です。

言葉遣い 同じミスを犯さないという言葉をそえる

　おわびの言葉は、相手が社内の人と社外の人とでは少
し異なります。上司や先輩など社内の人には、「申し訳
ございませんでした。今後このようなことがないよう気
をつけます」といったように、同じミスを犯さないとい
う言葉をそえることで、強い反省を示します。

　社外の人には、「このたびはたいへんご迷惑をおかけ
しました。深くおわび申し上げます」と、より丁寧な言
い回しと、誠実な態度で謝罪しましょう。

よくある失敗　謝罪のときに、言い訳をしたり、ふてくされていたりすると、「口先だけで謝っている」という印象を相手に与えかねません。「言葉と態度と表情はワンセット」と心にきざんでおきましょう。

注意事項 理由は聞かれてから話す

　仕事の失敗には、自分のミスばかりではなく、得意先の都合や社内の連絡ミスなど、さまざまな要因が重なるケースもあります。そんなときでも、言い訳をしたり、責任転嫁したりすることは厳禁です。

　謝罪したあとで相手から「失敗の理由は？」と聞かれてから、はじめて客観的な事実を説明しましょう。このときも、だれかを批難する言動や憶測にもとづく話は慎み、あくまでも事実だけを説明するようにしましょう。

金　額 おわびの品は３〜５千円

　菓子折りなどを持って謝罪に出向く際の注意点を説明します。おわびの品の相場は３〜５千円程度。高価すぎる品もふさわしくありません。

　また、長期保存のできない食品や、好き嫌いがはっきりわかれる絵画、時計なども不適切です。

　のし紙の表書きには、一般に「粗品」を使いますが、深く謝罪するときには、「お詫び」「陳謝」「深謝」などと記すこともあります。

叱責されたときのマナー

「叱責は自分への期待の表われ」と前向きにとらえ、
指摘された問題点を改善するようにしましょう。

手順 叱責を成長のきっかけにする

　仕事の態度が悪いときや、不注意からミスが生じたときなど、上司は部下を叱責します。叱責された直後はだれでも落ちこみますが、いたらない点があったことを謙虚に受け止め、業務態度や仕事の進め方を見直すきっかけにしましょう。どこをどのように改善すれば同じ失敗をくり返さなくなるのかを考えればよいのです。

　しかられるのは、期待されている証拠。上司はあなたの成長を信じて叱責していると肝に銘じておきましょう。

言葉遣い 最後に感謝の言葉を伝える

「申し訳ございませんでした」と謝罪したうえで、相手が指摘している意味をかみしめながら、しっかり耳を傾けましょう。

　なお、ビジネスで「すみません」はNGです。

　また、貴重な時間を割いて、改善すべき点を教えてくれたわけですから、最後にかならずお礼の言葉を述べましょう。「ご指摘いただき、ありがとうございました」と結べば、気持ちも前向きになります。

よくある失敗 叱責されて泣いてしまったKさんは、それ以降「感情的な人」といった印象をもたれるようになってしまいました。しかってくれる人がいなくなると、あなたの成長が止まる可能性があります。

姿勢 決して感情的にならないこと

相手が立腹しているとき、はげしい言葉で叱責されることがあるかもしれません。ときには相手のものの言い方にカチンときたり、悔しくて泣きそうになったりすることもあるでしょう。

しかし、怒っている相手に対して自分も感情的になり、声をあらげて反論すれば、問題がさらにこじれてしまいます。叱責されても感情を表に出さないように、黙って聞いておきましょう。

こんな場合 パワハラにならないよう注意する

あなたに部下や後輩がいる場合、彼らを注意することがあるはずです。その際に気を配ってほしいのが、パワーハラスメント（パワハラ）です。

たとえば大勢の社員がいる前で、「だから女はダメなんだ！」「どうしてできないんだ！」などと声をあらげて言えば、相手はパワハラとして受けとめるでしょう。

感情をぶつけるのではなく、仕事を円滑に進めるための具体的なアドバイスを行なうようにしましょう。

電話をかけるときのマナー

話す内容を事前に簡潔にまとめておき、短時間で正確に用件を伝えるようにしましょう。

手順 話す内容を整理してから電話する

　自分から電話をかけるときは、相手の状況を確認しながら、短時間で正しく用件を伝える必要があります。

　そのためには、まず話す内容を簡潔にまとめて、説明に必要な資料を手元に用意しておきましょう。

　次に、電話をかける相手の会社名、部署名、名前の読み方を確認します。実際に電話をかけると、相手が不在だったり、質問をされたりすることがあるので、その対応も考えておきましょう。

言葉遣い 最初から最後まで敬語を使う

　電話をかけたら、相手が名乗ってから、「○○株式会社の××と申します。いつもお世話になっております」と名乗ります。次に、電話に出た人に「恐れ入りますが、△△部の●●様をお願いします」と述べ、取次ぎを頼みます。相手が出たら、また名乗ります。

　話を終えたら、最後に「今後ともよろしくお願いします」「失礼いたします」などと告げます。フックを指でおさえて電話を切ってから、受話器を置きましょう。

よくある失敗　電話した相手が不在だったので、取次ぎの人に、「帰社されたら、電話をいただけますでしょうか」と依頼。しかし、自分の連絡先を伝え忘れたため、相手からの電話はありませんでした。

注意事項 時間帯を考えて失礼のないように

　電話をするタイミングは、時間帯を考えて選びましょう。早朝、夜の就業時間外は、常識的に考えて人がいない時間帯です。また、昼食時間も相手が自席にいない可能性が高いので、電話は控えましょう。

　もし相手から、そのような時間帯や携帯電話にかけるよう頼まれたか、もしくは緊急な要件の場合は、「お休み中に失礼いたします」「いまお話してよろしいですか」など、ひと言そえて話しはじめるのがマナーです。

こんな場合 不在なら伝言を残す

　かけた相手が不在の場合は、①あとからかけ直す、②あとからかけてもらう、③取次ぎの人に伝言を託す（「メールを入れておきます」も含め）、の選択肢があります。まず、どれを希望するのか、はっきり伝えましょう。

　①なら、相手の帰社時間（会議が終わる時間）を聞きます。②は自社名と部署名、氏名、電話番号を告げます。③は「○○様に、『××××』とお伝えください。お手数ですが、よろしくお願いいたします」と依頼します。

電話を受けたときのマナー

相手を待たせず、会社の代表という意識をもって、
感謝の気持ちを忘れず応対しましょう。

心 得　3コール以内に出る

　かかってきた電話を受けるときは、次の5つのマナー
を意識してください。
①呼び出し音が鳴ったら、3コール以内に受話器を取る。
②会社の代表という意識をもって受け答えをする。
③敬語を正しく使い分ける。
④人名、場所、時間などはかならずメモをとる。
⑤丁寧にあいさつをする。
　いずれも、「自分は会社の窓口」との自覚が必要です。

言葉遣い　まず「はい」とひと言発する

　通常の第一声は、「はい、○○社でございます」。た
だし、「はい、△△社、××部（の●●）でございます」
と、部署名や名前を名乗るようルールづけられている会
社は、それに従ってください。
　コールが5回以上鳴ってから受話器を取ったときの第
一声は、「たいへんお待たせしました。○○社でござい
ます」。次に、相手が社名・氏名を名乗ったら、「いつも
お世話になっております」と、あいさつしましょう。

よくある失敗 電話をかけてきた相手の名字が「佐藤」さん。取次いだ相手に「どの佐藤さん？」と聞かれて困惑。「失礼ですが佐藤様、フルネームをお伺いしてもよろしいでしょうか？」とたずねましょう。

手順 担当者の名前を聞き、取次ぐ

自分以外の人にかかってきたら、相手の会社名と名前を復唱してから担当者に取次ぎます。保留ボタンを押す前に、「少々お待ちください」と伝えましょう。

担当者につなぐ際は、「○○部長、△△社の××様よりお電話です」と伝えましょう。

担当者が話すまでに一瞬の間が発生することもあります。すぐに受話器を置かずに、ひと呼吸置いて、「はい、××でございます」と話しはじめるのを待ちましょう。

こんな場合 状況は正確に相手に伝える

取次ぐ相手が別の電話で話している場合は、「申し訳ございません。××はただいま、電話中でございます。終わりましたら、ご連絡いたしましょうか」とたずねましょう。

取次ぐ相手が見当たらない場合は、ふたたび受話器をとって「申し訳ございません。ただいま、××は外出しております。戻りしだい、連絡を差し上げるようにいたしましょうか」と伝えます。電話を取次いではいけない会議の場合は、「外出しております」がよいでしょう。

メールの使い方の常識

文面の最後に自分の連絡先を自動で明記できるよう、署名の設定をしておきましょう。

心得　長所と短所を理解して使う

　手軽さと記録として残すことができるのがメールの利点です。

　その反面、送信ミスによって機密情報が漏れたり、ウイルスメールを受け取ってシステム障害が発生したり、情報が奪われたりするリスクもあります。

　また、受信に時間がかかるため、「容量の大きなデータを直接送らない」といったルールもあります。こうしたデメリットを回避する方法を考えながら使いましょう。

手順　件名は短く内容を具体的に

　メールの件名は短く簡潔にまとめ、「○月○日の会議のご案内」というように、件名を見ただけでおおよその内容がわかるよう心がけてください。

　本文は、20文字くらいで折り返し、2、3行程度で改行を入れていくと読みやすくなります。

　なお、パソコンの画面上では、文字入力や変換する際に生じる誤字脱字に気づきにくいものです。メールを送る前には、かならず読み直して確認しましょう。

よくある失敗　打ち合わせのあとに見積りを送付。でも、件名に「本日はありがとうございました」と書いたため、相手はお礼のメールとかんちがい。この場合、件名は「先ほどのお見積りの件」と記すのが正解です。

言葉遣い　ビジネスメールはすべて敬語

　社外・社内問わず、ビジネスメールでは、すべて敬語を使うのが鉄則です。社名メールの場合、「○○についてご報告します」「出欠のご連絡を△△までお願いします」といったように敬語を用います。

　社外メールの場合は、「いつもお世話になっております」ではじまり、「ご検討のほど、よろしくお願い申し上げます」「お返事をお待ち申し上げております」など、謝辞やお願いで結ぶようにすればよいでしょう。

注意事項　署名の添付はマナー以前の常識

　送信するときは、メールの文末に必ず社名や部署名、住所、電話番号が入った署名をつけるのがビジネスの常識。メールソフトで署名を設定しておけば、文末に連絡先が自動で明記されるので、相手にとって親切です。

　また、自分がメールを送付した日と、相手がそのメールを読む日が異なる場合もあります。「明後日の午後に電話します」ではなく、「○月○日の午後」というように、具体的な日付を入れるようにしましょう。

メール送信のポイント

社内メールは簡潔に用件だけを記し、社外メールは
ビジネス文書と心がけて作成しましょう。

手　順　社内メールはビジネス文書と同じ流れで

　社内メールの基本は、とにかく結論を優先することです。ビジネス文書と同じで「あいさつ→用件の結論→詳細・説明→結びの言葉」という順序で組み立てると、読みやすくなります。

　ただし、急ぎの報告や謝罪など本来、口頭ですべき用件、または相手が近くにいるケースは、メールだとかえって時間がかかったり、コミュニケーション不足になったりするので注意してください。

言葉遣い　お願いするときの語尾は依頼形で

　メールで相手に何らかのお願いをするとき、「〜してください」と語尾を命令形にすると、受け取った人のなかには「上から目線で不快だ」と感じる人がいるかもしれません。メールの文面はどうしても冷たく感じられがちなので注意してください。

　この場合、「〜いただけますでしょうか」と依頼形にするか、「〜でお願いいたします」と語尾に「お願い」と入れると、やわらかい印象になります。

 **よくある失敗** 得意先への納期が遅れたことを上司にメールで報告。「仕事上のミスや、急いで対処しなければいけないことは口頭で」と注意されました。重要な報告やおわびは、口頭で行なうようにしましょう。

こんな場合 誤送信したら件名に「訂正」を

誤った内容のメールを送ったり、文書や画像を添付し忘れてメールを送ったりした場合、ミスに気づいた時点で、すぐに謝罪と正しいメールを送付します。そのときは、件名に「訂正　○○の件」と記しましょう。

また、本文には「申し訳ありません。先にお送りしたメールに不備がありました。破棄してください」「画像を添付し忘れていました」と事情をひと言そえておけば、相手に余計な心配をかけずにすみます。

■メールの書くときの注意点

宛先	：	※アドレスを入れる。
CC, BCC	：	※送信内容を上司に見てもらう場合などに選択する。
件名	：	※内容がひと目でわかるようなタイトルに。
▶添付	：	※相手が受信できるデータの容量の確認を。

内容　※適度に改行を。

署名

メール返信のマナー

遅れると相手に迷惑をかけることがあるので、メールの返信はできるだけ早く行ないましょう。

心得 メールの返信はすぐにする

　返事が必要なメールをもらった場合、返信が遅れると先方に迷惑がかかり、トラブルの原因になることもあります。自分で判断できるものは、すぐ返信しましょう。

　上司の判断をあおぐ必要があったり、確認をしたりする時間が必要なら、「メールを拝受しました。社内で検討し、追って連絡差し上げます」といったように、メールを受けとったことを、まず手短に伝えておきましょう。もちろん、その後数日以内には返信が必要です。

言葉遣い 相手との距離を意識した文面で

　面識のない人や深いつきあいをしていない人からもらったメールへの返信は、一般的なビジネスメールの形式をしっかり守り、丁寧な言葉を使って返信しましょう。「？」や「！」など使用は控えます。

　つきあいが長く、親しくしている相手であれば、仕事関係のメールであっても、「そうですね」など、多少やわらかい文体でも問題ありません。ただし、冒頭のあいさつや謝辞などは省略してはいけません。

 **よくある失敗** 得意先あてのメールに「○○様」の件名で毎回送っていたら、先方から「内容がわかりにくい」と電話が……。受信者のために、件名は内容に即したものをつけるようにしましょう。

こんな場合① 新たな用件なら件名も変える

メールを返信する際、先方からのメールにそのまま返信すると、件名の文頭に「Re:」がつきます。その用件について返信する場合は、失礼にはなりません。

しかし、相手に新たな用件を伝えたい場合は、新しい件名をつけて新規でメールを作成しましょう。新しい用件の内容にもかかわらず、ずいぶん前にもらったメールに返信すると、受け取った相手は「Re:」のついた件名を見るため、内容が異なる場合、とまどってしまいます。

こんな場合② 引用は重要な部分だけにする

相手のメール本文に「 ＞ 」をつけてコピーして用いる「引用」は、相手の質問や依頼への返事を書く際に便利です。しかし、あまり長い文章を引用すると、相手に読む負担をかけます。できるだけ短く、大事な部分だけ引用するのがメール返信のマナーです。

また、メール本文の冒頭には、返信相手の名前や会社名などを入れます。返信だからという理由で、これを省いて、いきなり本文や引用からはじめるのは失礼です。

メールで断わるときのマナー

承諾できない依頼・要求のメールには、人間関係を
配慮し、遠回しな表現で断わりましょう。

心得 相手の気持ちに立って考える

　つきあいのある会社から、承諾できない依頼や要求が
メールで届いたときは、上司に相談したうえで、依頼を
断わるメールを返信します。良好な人間関係を保つため、
相手の気持ちに配慮しながら、角が立たないよう工夫す
ることが肝心です。

　いっぽう、「不動産購入の案内」「金融商品の販売」な
ど営業メールの場合は、人間関係に配慮する必要がない
ので、返信しなくてもかまいません。

言葉遣い① 会社の判断として断わる

　相手の依頼を断わるときは、「上司と相談し、（社内で
検討した結果）、今回は申し訳ないのですがお力になれ
ません」と記します。上司や会社の判断であることを伝
えれば、多くの場合、相手に納得してもらえます。

　さらに、関係を今後も続けたい意向を伝えるため、「ほ
かのことでお役に立てれば幸いです」「これにこりずに、
またお声をかけていただければ幸いです」とそえれば、
誠実な印象を与えることができます。

よくある失敗 上司からほかの部署の仕事を手伝うようメールが届いたけれど、忙しかったので、すぐに「お断わりします」と返信。すると上司に「断わり方にも礼儀が必要」と激怒されてしまいました。

言葉遣い② 謙虚さをアピールして辞退する

社内で新規プロジェクトのリーダーなど大役に抜擢されたけれど、多忙などを理由に断わりたいときは、態度をあいまいにせず、相手にきっぱりと伝えましょう。

クッションの役割をはたす「勝手を申しましてたいへん恐縮ですが」や「たいへん光栄に存じますが（身に余る光栄ですが）」などの言葉で切り出し、「今回は辞退させていただきます」と、謙虚さをアピールすれば角が立たないのではないでしょうか。

こんな場合 断わられた側もフォローの言葉を

メールで依頼して断わられた場合も、信頼関係を保つために相手を気づかう言葉を使って返信しましょう。

まず「無理を承知でお願いし、申し訳ありません。どうぞ気になさらないでください」と気をつかわせたことをわびるひと言をそえます。次に、相手の意思を尊重する言葉を加え、最後に「また、機会がありましたら、どうぞよろしくお願い申し上げます」と、次につなげる前向きな言葉でしめくくりましょう。

外出時のマナー

出かけるときは行先と目的を告げ、帰社時間が遅れ
るときは会社に連絡を入れましょう。

手 順 行先と目的を上司に告げる

目的が何であれ、外出するときは、上司か同じ部署の
人に行き先を告げましょう。ネームボードに行き先と帰
社時間を書き込むルールがある場合は、忘れないように。

もし記入し忘れたら、外から電話してボードに書き込
んでもらいます。

行き先をだれにも知らせずに外出した場合、本人あて
の電話や来客があったときに対処できません。たとえ仕
事をしていたとしても、サボっているとみなされる可能
性があります。

言葉遣い 出かける際のあいさつを忘れずに

外出するときには、無言で出るのではなく、上司や同
僚など社内にいる人に「〜へ行ってまいります」「出か
けてきます」と、ひと声をかけましょう。

戻ってきたときも、無言で席につくのではなく「ただ
いま戻りました」と言って、周囲に帰ってきたことを知
らせましょう。このとき、ネームボードの消し忘れに注
意してください。

よくある失敗 出先で急な用があり、連絡するのを忘れてしまいました。遅れて戻ったら、同僚から「課長がまだ戻らないのかと怒っていましたよ」とのこと。相手のスケジュールを考えて、連絡しましょう。

こんな場合 直帰は上司の承認を得る

電車の事故などで帰社時間が大幅に遅れ、終業時間までに帰社できない場合や、会社に戻っていると最終電車に間に合わなくなるなど、特別な理由があるときは、多くの会社で、直接帰宅（直帰）が認められています。

ただし直帰する場合は自分で勝手に判断せず、かならず会社に連絡を入れます。上司に事情を説明し、承認を得てから帰宅しましょう。事情を説明せずに直帰すると、サボって帰ったなどと疑われる可能性があります。

お返し 気持ちよく送り出し、ねぎらって迎える

送り出すときは、「行ってらっしゃい」。上司には「行ってらっしゃいませ」と聞こえるように伝えます。会社を代表して出かけていく仲間や上司を、気持ちよく送り出しましょう。

迎えるときは、「おかえりなさい」または「お疲れ様でした」。上司には「おかえりなさいませ」と明るく伝えましょう。家で使うような言葉ですが、多くの会社で使われているあいさつです。

乗り物で移動する際の席次

車や列車での移動にも席次があります。
上司のおともをする際は覚えておきましょう。

心得① タクシーの上座は助手席の後ろ

　上司や先輩と連れだって外出したり、パーティの帰り
に顧客や上司に便乗したりする場合など、タクシーに乗
るときの席次は、頭に入れておきましょう。

　下の図（左）のように、タクシーにおける上座は運転
席の後ろとなり、下座は助手席になります。

　いっぽう、ゴルフ接待など自家用車で移動する場合は、
下の図（右）のように、助手席が上座となります。後部
座席に3人座る場合は、真ん中が下座です。

車に乗る場合の席次

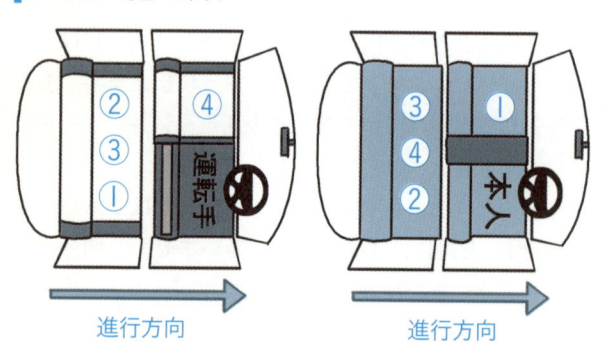

進行方向　　　　　　　　進行方向

> **よくある失敗**　上司の運転で、取引先の担当者とその上司と自分の4人でゴルフ。どの席に座ればいいのかわからず、とまどっていたら「もう、助手席でいい！」と叱られました。先に聞いておくべきでした。

心得②　列車では窓側が上座

　上司を含む部署全員が参加する研修会や本社での会合に出席するため、社員旅行などで、新幹線に乗ることもあります。こうした列車における席次の大原則は、「窓側が上座」です。

　また、シートを回転させて座る場合は、「進行方向に向かって座る窓側」が上座となります。ただし、通路側の席を好む人もいますので、その場合は席を代わるなど臨機応変に対応しましょう。

▌列車に乗る場合の席次

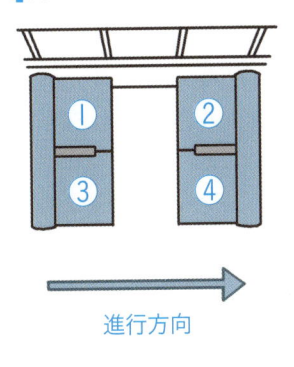

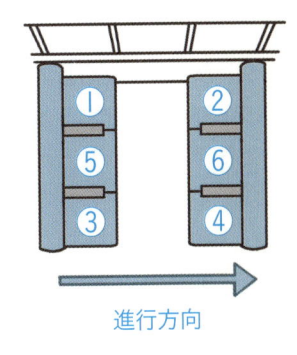

退社するときのあいさつ

多くの職場では、退社時刻にばらつきがあります。
十分配慮したあいさつをしましょう。

心得　省略しないでしっかりあいさつ

　退社するときは、まだ残っている人を思いやり、謙虚に「お先に失礼いたします」とあいさつします。あやふやな退社あいさつをして帰ってしまうと、まだいるのか、もう帰ったのかがわからず、残っている人に迷惑がかかります。今日も1日、お世話になったことに感謝して、はっきりとあいさつしましょう。

　役職者に対しては、起立してあいさつするのがよいでしょう。

言葉遣い　返す言葉は「お疲れ様でした」

　上司はもちろん、同僚や後輩でも、「お先です」「お先に〜」などと、省略してはいけません。

　ほかの人が退社するときは、仕事の手を止め、顔を見て「お疲れ様でした」とあいさつしましょう。

　自分も早く終わらせて帰りたい気持ちはわかります。でも、顔を見ずに、声だけであいさつするのは、たいへん失礼な行為。「お疲れっした〜」のようなくだけた言い方をせず、しっかりと気持ちを届けましょう。

よくある失敗　退社する上司に「ご苦労様でした」とあいさつをしたら、「……先輩に教えてもらいなさい」と注意を受けました。「ご苦労様」は、目下の人に使う言葉です。

こんな場合 あいさつできない状況でも会釈

　だれかが退社のあいさつをしたときに、たまたま電話中であったり、接客中だったりしたら、できる範囲で会釈をしましょう。電話中であれば、アイコンタクトをとった上で、中腰になって会釈をすれば十分です。接客中ともなれば、状況によっては反応できないかもしれません。

　可能であれば、アイコンタクトをして、軽く頭を下げておきましょう。それだけでも、失礼にあたることはありません。臨機応変なふるまいが必要です。

注意事項 イヤホンは会社を出てから

　帰りじたくをしながらイヤホンを着け、音楽を聴きはじめるのはNGです。退社途中でも、人に会えば、あいさつするのは当然のこと。もしエレベーターなどで、あいさつされているのに気づかなければ、相手にとても不愉快な思いをさせてしまいます。少なくとも会社を出るまでは、耳をふさがないようにしましょう。

　「タイムカードを押したらプライベートタイム」と考えるのは、NGです。

出張のマナー

日程が決まったら、すぐに社内の手続きを行ない、
出張中はこまめに会社に連絡を入れましょう。

心得 日程が決まったらまず連絡を入れる

　出張を必要とする仕事が発生したり、上司から出張を命じられた場合は、まず訪問先に連絡を入れ、訪問する日時を決めます。先方の都合を優先しつつも、無理のない予定を組みましょう。

　日程が決まったら、社内にも伝えておく必要があります。たとえ報告を必要としない出張でも、上司には、いつ、どこへ出張するかを伝え、当日になって「あれ？　休みだっけ？」などとならないようにしましょう。

手順① 忘れ物がないかチェックする

　社内の手続きが終わったら、書類や資料など出張で持参するものを準備します。チェックリストをつくり、足りないものがあれば補充しましょう。

　また、訪問先では、どれほどの数の人とあいさつするのかわからないことが多いので、名刺は多めに持っていくようにしましょう。名刺を切らすことはビジネスマナーに反します。また、ビジネスチャンスを逃すことにもなりかねません。

よくある失敗 　出張先、社内向けにお土産を購入。帰社後に経費として申請したところ、経理部に「お土産を経費で精算してはいけない」と怒られました。公私混同は慎みましょう。

手順② 帰社後の報告、精算、お礼は早めに

出張中は会社にこまめに連絡を入れ、緊急な連絡がないか確認してください。

出張を終えたら寄り道せずに会社へ戻り、すぐに上司へ口頭で報告しましょう。次に旅費の精算をし、出張報告書の作成が必要なときはすぐに着手してください。

また、出張中にお世話になった訪問先へは、早いうちにお礼のメールや礼状を送りましょう。お礼は、今後の仕事を円滑に進める重要なコミュニケーションです。

服装 好感をもたれやすい清潔感のある服装で

服装も重要なマナーのひとつです。会社を代表する者として好感のもたれる、清潔感のある洋服を選びましょう。宿泊のある出張なら、替えの下着や靴下などの用意も忘れないようにしてください。

また、訪問先に手土産が必要な場合は、前日までに用意しておきましょう。予算と内容は上司と相談して決めてください。なお、手土産は外袋に入れて持ち運びし、手渡す際には外袋を取って、相手に手渡しします。

ITツールの取り扱いのマナー

会社から支給されるPCやタブレットは会社の備品。
業務以外の目的で使ってはいけません。

心得　情報を漏らすのは重大犯罪と意識する

　多くの会社がPCやタブレットを各社員に支給してい
ます。機密情報の漏えいを防ぐため、社外への持ち出し
ができないようにしている会社と、営業担当者のみ外部
で使用できるようにしている会社とがあります。

　また、個人のPCはなくても、各自に割り振られたパ
スワードを使えば、PCを操作できるようにしている会
社もあります。いずれにせよ、会社のルールに従わなけ
れば、罪に問われることもあります。

手順　持ち出し可能か確認を

　会社のデータを自宅に持ち帰って作業する人は多いで
しょう。しかし、まずは情報管理の点で不安があります。
そもそも、会社はそのようにして作業することを許可し
ているのか、確認が必須です。

　通常、業務時間外に社用のPCやタブレットを使うこ
とは禁止されているはず。そこから情報が漏れると、会
社の信用を大きく損ねる可能性があるからです。可能だ
としても、正規の手続きを経ることを徹底しましょう。

 **よくある失敗** 会社のノートPCを無断で社外に持ち出し、アダルト動画を観ていた社員が減給処分に。動画の閲覧より、機密情報が含まれるデータの持ち出しが問題視されたのです。

注意事項 「メールは監視されている」前提で使う

　ウェブサイトの閲覧を禁止する会社が増えているほか、社内外へのメール送信の記録をすべて保管している会社もあります。さらに、情報漏えいを防ぐ目的で、会社のPCを使って送受信するメールを、システム担当者が監視・制限している会社もあります。

　不便な面もありますが、情報漏えいは会社の信用を損ない、場合によっては倒産の引き金になりかねません。

　個人にも重い責任がおよぶこともあるのです。

こんな場合 個人のモバイルで連絡する

　社外の友人や恋人、家族から会社の自分のメールアドレスに個人的な連絡を受け取ってはいけません。そもそも理由なく教えていることが問題視され、受信した時点で、職務規程違反が疑われます。もちろん、返信してはいけません。

　こういう場合は、業務時間外に個人の携帯電話やメールアドレスから連絡しましょう。すべてにおいて、公私混同しないのは、マナー以前の常識です。

通信機器のセキュリティのルール

出所不明なメールを開いたり、ソフトウェアをダウンロードしたりしないよう注意しましょう。

心得　ウイルス感染に細心の注意を

　会社が支給しているPCやタブレットは、ウイルス感染や情報漏えいを防ぐため、パスワードの設定やセキュリティソフトの定期的なアップロードなどのルールが定められています。ルールに従って、安全性を保つようにしましょう。

　出所不明のメールを開いたり、添付されているデータを開けたりすると、ウイルスに感染し、社内ネットワーク全体に影響が出る可能性があります。

手順　パスワードを管理する

　他人に自分のユーザアカウント（コンピュータやネットワークで、利用者を識別するための情報）を不正に利用されないようにするには、推測されにくい安全性の高いパスワードを作成し、他人の目にふれないよう適切な方法で管理することが肝心です。もしくは、定期的にパスワードを変更しましょう。

　安全性の高いパスワードとは、名前や生年月日などの個人情報からは推測できないものです。

よくある失敗　プレゼンに使うからと、CDやDVDをコピーして使っていたら、会社あてに著作権団体から警告が……。有償著作物のダウンロードは違法です。刑事罰の対象となるのでやめましょう。

注意事項 ソフトウェアはダウンロードしない

　セキュリティを社員各自の判断にゆだねている会社の場合でも、基本的にソフトウェアを勝手にダウンロードしてはいけません。セキュリティ担当者か上司に判断をあおぐようにしましょう。

　また、動作がおかしいと感じたときは、使用するのをやめて、すぐにシステム管理者に連絡しましょう。いくらPCに強い人でも、自分でどうにかしようとしてはならないのです。

こんな場合 データを消去し、後任者へ引き継ぐ

　部署が変わったり、退職したりする際、備品はすべて会社へ返却します。これはPCのデータも同様。

　ハードディスクに保存したデータは、勝手に持ち出してはいけません。判断に迷うデータは上司に相談し、そのほかは使う前の状態に戻しましょう。

　なお、メールなどのソフトも会社の規定や指示に従って初期の状態に戻しておけば、後任の担当者も安心して使うことができます。

コピーの常識

コピーは見る人の立場や書類の用途に応じて、サイズや濃度、片面・両面印刷などを選びましょう。

心得 次に使う人のことを考える

　コピー機（複合機）は、部署あるいは会社全体で使うもの。自分のものではない、という意識をもちましょう。

　使い終わったら、サイズや枚数、拡大・縮小、濃度などの設定をもとに戻す習慣をつけましょう。また、カセットに紙が不足していれば、次に使う人のために補充しておくのがマナーです。

　さらに、使わないときに消費電力を抑える「節電ボタン」が備わっている機種なら、押しましょう。

手順 書類の目的に応じて設定を変える

　社内の報告書はA4縦向き・横書き・片面印刷、取引先との契約書ならA3（またはB4）横向き・横書き・両面印刷といったように、書類の目的によって用紙サイズや用紙の向き（縦・横）、片面・両面などを使い分けます。

　さらに、印刷したあとのとじ方にも注意が必要。書類が横書きの場合、ホチキスで左上端をとめます。縦書きの書類の場合は、右上端をとめましょう。めくる方向を意識すれば、まちがえません。

 **よくある失敗** 会議で使う大量の資料をプリントアウトしたあと、ホチキスでとめたら、関係のない書類があいだに挟まっていたために会議がストップ……。面倒でも、一度確認をしてからとじましょう。

こんな場合 画像が粗くならない工夫を

画像を拡大してコピーする際に、注意すべきことがあります。それは、大きく見せようとするあまり、画像の解像度が足りず、見えづらくなってしまうことです。

もともと解像度が低い（容量の小さい）画像データを拡大して見せようとしても、画像がきめの粗いものになり、再現できません。とくにウェブサイトの画像は低いので、紙に印刷すると見えづらくなります。解像度の高い画像をパソコンで編集するなどの手だてが必要です。

注意事項 紙づまりなどのトラブルを放置しない

コピー機やプリンターを使用している最中に、紙づまりのエラーメッセージや、トナー交換のメッセージが出たときに放置しておくと多くの人に迷惑がかかります。放置せずに、自分で責任をもって対処しましょう。

自分では直せない故障が発生した場合は、ただちに管理責任者に連絡してください。また、コピー機のガラス面を汚してしまったときは、かならず備えつけの布などできれいにふいておくのが社会人のマナーです。

コピー機&プリンターの使用マナー

OA機器は、著作物の無断複製や情報漏えいが起こらないよう、細心の注意を払って使いましょう。

心得　書類の取り忘れに注意

　コピー機やプリンターは社内のいろいろな人が使用するので、原紙やプリントした紙の取り忘れに注意してください。こんなところからも、個人情報や会社の機密情報の漏えいは起こりえるのです。

　コピーを取り終えたら、指定した部数がそろっているか、拡大・縮小の指示どおりになっているか、原紙は取り出したか、その場で確認しましょう。

　また、プリントした紙を放置せず、すぐに取り出すようにしましょう。

注意事項①　紙媒体のコピーは問い合わせを

　著作権保護の対象となっている新聞、雑誌、書籍などの著作物は、個人や家庭内など限られた範囲内（私的な使用・複製）で使う場合などを除き、権利者に無断でコピーすることは著作権法で禁じられています。

　たとえば新聞や雑誌の記事を、企業内で使う目的でコピーするときは、権利関係者に相談したり、新聞社・出版社に問い合わせをしましょう。

よくある失敗　人事担当者が最新の人事に関する書類の原紙をコピー機に置き忘れてしまったため、公の発表前に複数の社員の昇格・降格が知れわたりました。その人事担当者はその後、降格処分を受けました。

注意事項② 裏紙に個人情報がないか確認を

　経費節減のため、ミスプリントや使い終わった書類を「裏紙」として社内用の書類に使う会社が増えています。

　ただし、①社外の人に渡すのは失礼かつ危険であること、②個人情報が書かれている書類を使ってはいけないこと、は覚えておきましょう。

　とくに②は、個人情報保護の観点から法律で罰せられることがあります。メールのあて先や署名部分が書かれている紙は、シュレッダーにかけましょう。

こんな場合 処分する前にデータ消去の確認を

　最近のコピー機やプリンターにはハードディスク（記録装置）が搭載され、コピーまたはプリントされた文書や画像が自動的に保存されます。

　そのため、買い替えのため廃棄したり、リース品を返したりする際、ハードディスクのデータを消去する必要があります。これを怠ると、データを読み取られて情報が流出してしまう可能性があります。データが消去されているか、担当者に確認しておきましょう。

ひな型のある社内文書の作成

社内文書はフォーマットを大きく変更せず、必要事項だけを書きかえるようにしましょう。

心 得　種類と内容・特徴を知る

　明確な意思疎通ができる文面を作成し、業務をとどこおりなく進めるために、社内文書が使われます。目的や意図に応じて以下の3種類があり、ある程度は形が決まっている場合がほとんど。その特徴をおさえましょう。

① 上層部からの指示・命令を記した「通達・指示」
② 各自が発信する「報告・届け出」
③ 各部署がほかの部署や各自に発信する「連絡・調整」

　通常、一般社員が作成するのは②と③です。

言葉遣い　具体的で簡潔、そして効果的な文書を

　基本的に横書きで、主文（用件の部分）は「です・ます」調で。できるだけ短く、わかりやすく書きます。

　たとえば、件名「第X回社内セミナーのお知らせ」、主文「第X回社内セミナーを下記の要領で開催します。皆様のご参加をお願いします」といったように、時候のあいさつなどは省き、すぐに本題に入ります。敬語は「ご参加ください」「ご了承ください」など最小限にとどめ、マナーより、内容をしっかり伝えることを優先させます。

よくある失敗 先輩が作成した書類データを上書きしたところ、金額や日にちなどに多くのミスが……。数字のチェックは、とくに慎重に。ミスを防ぐためには、プリントアウトして読むと効果的です。

社内文書のひな型

使用頻度の高い社内文書は、多くの場合、社内にモデルがあります。それにならって作成するのがマナーです。

ここでは、一般的に使われる書式で必要な事項の一例を以下にまとめました。

---

①発信年月日と発信者名 ── 平成×年4月22日
　　　　　　　　　　　　　　└ 販売総務課長　●●●●

販売部門各位 ── ②宛名

③案件（ひと目でわかるようなタイトルにする）

定例販売会議のお知らせ

5月度の「定例販売会議」を下記のとおり開催しますので、ご出席願います。

④主文（端的にわかりやすく書く）

記

開催日時および議題は、下記の要領です。── ⑤記書き（「下記の要領で」という内容を記す）

日　時	5月20日（金）14：00〜16：00
場　所	本社西館5階、第1会議室
議　題	4月度の販売実績報告および業務改善発表について

追　記　報告書の様式が新年度より変更されました。
　　　　下記販売総務課までお問い合わせください。

⑥追記

⑦結び（文末は「以上」とする）── 以上

⑧担当者氏名（案件に関する問い合わせ先を明記）。── 問い合わせ先
　　　　　　　　　　　　　　　　　　　　　　　　　販売総務課●●
　　　　　　　　　　　　　　　　　　　　　　　　　内線（123）

ひな型のない社内文書の作成

報告書などのひな型のない社内文書を作成する場合、見た目の読みやすさを優先します。

心得 目的の把握と内容の整理をする

　ひな型がない社内文書を作成する際に考えることは、①だれに伝えるのか、②何のために作成するのか、の2点です。これを考えれば有効な文書の形式が見えてきます。

　次に、5W1Hが明確にわかるかチェックします。①だれが、だれに、②いつ、③どこで、④なぜ、⑤何をする（した）、⑥どのくらい（いくらで、数量はどれくらいで）を明確に伝えれば安心です。関係する資料や添付すべき情報がないか確認しましょう。

言葉遣い 簡潔にわかりやすく記す

　発信日、宛先、発信者（作成者）名はかならず記しましょう。次に、件名（タイトル）をつけます。

　本文は、わかりやすくポイントをおさえた記述にするため箇条書きとして、小見出しをつけるとよいでしょう。

　文章は「ないわけではありません」などのあいまいな表現を避け、「可能性があります」といったように、読みやすさを心がけてください。箇条書きにするときは重要な順に番号をつけると、さらに明確になります。

よくある失敗　社内の報告書に「拝啓　厳冬の候、貴殿におかれまして……」などと時候のあいさつを盛り込んだら、上司から「社内文書にこんなあいさつは必要ない」と一蹴され、書き直しを命じられました。

こんな場合　内容が複雑なときは結論を先に

　たとえば、プロジェクトが失敗した理由をまとめた報告書や、新製品の開発を許可してもらうための企画書のように、内容が複雑になるときは、しっかり読んでもらったり、あるいは説得力を高めたりする工夫が必要です。

　結論を先に書き、次に原因・経過・目標・売上（利益）・スケジュールなどを項目ごとにまとめ、最後に意見・提案を盛り込みます。書きあげたら、誤字・脱字がないか、内容に誤りがないかなど確認しましょう。

研修レポートの一例

2016年○月○日

宛先（受信者名）　様

営業第2部　××××

海外部門営業研修の報告

1. 海外ビジネスマンのマナー講習
　　△△氏による講義で実践マナーを学ぶ
2. グループ実習（3日間）
　　海外部門の先輩社員の指示を受けながら実務を学ぶ
3. 実習報告会
　　反省点の発表、指摘および質疑応答

社内文書の整理・保存のマナー

社内文書の整理・保存は会社の規則に従い、個人で
保管するなら専用ファイルにまとめましょう。

手順① パスワードをつけて保存する

　ペーパーレス化を推進する企業が増え、社内文書はデジタル化が進んでいます。なお、データ流出のリスクを避けるため、紙で残す書類もあります。

　文書の整理・保管は、かつてはファイル化するのが定番でしたが、今後は電子ファイルで保存するか、記録メディアに移して保管することになります。その場合も基本は、パスワードを設定します。持ち出さないものでも、かならずパスワードをつけて保存しましょう。

手順② 外注する場合は念書をとる

　紙で保管することを推奨している会社では、会社のルールに従ってください。個人で保管する場合は、機密文書などはデスクにカギをかけておきましょう。

　データで保存するのはたいへん便利で、専門の業者もあります。ただし、デジタル化を委託する際は、原本を社外に持ち出さないようにしましょう。社内文書は、あくまで自分の目の届く範囲から出さないことが重要です。もし委託するなら、念書をとるようにしてください。

よくある失敗 営業報告のファイルを広げたまま離席したら、来社していた取引先に見られて、「へえ、粗利率がいいんですね」と指摘されました。会社によってはこれだけで懲戒理由となります。

注意事項 「会社の数字」は漏らさない

社内文書には、決算報告や吸収・合併に関する書類、株式公開の予定、人事報告、抱えている裁判の情報など、機密の程度の高いものがあります。

このような書類はファイリングせず、封筒に「極秘」「秘」「社外秘」などと記し、慎重に取り扱いましょう。必ず、カギのかかるキャビネットに保管しましょう。

とくに、公開されていない会社内部の数字は、口頭でも漏らしてしまうと懲戒処分の対象となります。

こんな場合 迷ったら上司に確認を

新入社員の歓迎会や退職者の送別会の回覧、健康診断の連絡などは、開催された日以降は不要になるので、処分してもかまいません。

ただし、稟議書や始末書といった社内文書の廃棄の可否とシュレッダーにかけるなどの方法は、上司に確認が必要。「これくらい、だいじょうぶだろう」が、大きなトラブルを招きます。迷ったら勝手に判断せずに、上司にひと声かけて確認しましょう。

エレベーターのマナー

顧客はつねに上座へ案内を。エレベーターの上座の
位置を覚えましょう。

心得 目上の人は入口から見て左奥へ

　会議室や応接室と同じく、エレベーターにも上座と下
座があります。エレベーター内では、ボタンの位置に関
係なく、入口から見て左奥が上座で最上の席（位置）と
なり、その右が上座の次の席（位置）となります。

　目下の人は、下座である操作盤の前に立ち、顧客や目
上の人を左奥へ案内しましょう。

　また、乗るときも降りるときも、顧客や目上の人が先。
扉の間に立ち、「開」ボタンを押して誘導します。

言葉遣い 降りたあと進む方向を忘れずに

　エレベーターに乗るときは、外からボタンを押したま
ま軽く会釈して「どうぞ」と声をかけ、顧客や目上の人
を先に乗せます。位置も示しましょう。降りるときは、
目下の者が「開」ボタンを押したまま、「どうぞ、左に
お願いします」などとうながします。降りたあと進む方
向を伝え、相手が迷わないようにしましょう。

　混雑している場合は、「お先に失礼します」と声をかけ、
先に出て待ってもかまいません。

よくある失敗　1階で乗ったあと、少しずつ混雑していき顧客の顔が見えなくなってしまい、降りる階で「○○さん、降ります！」。乗った時点で、「△階で降ります」と、伝えておくべきでした。

こんな場合 到着を待つときは扉の脇で

　エレベーターが到着するのを待つとき、扉の正面に立っている人が多いですが、これはNGです。

　エレベーターを使うときは、つねに降りる人が優先。自分が乗る階で降りようとする人がいると、扉が開いた瞬間に驚かせてしまうこともあります。たとえ急いでいても、扉の脇で待機しましょう。

　昇ってくる（降りてくる）来客を待つときも同様に、正面に立たないようにしましょう。

▎エスカレーター・エレベーターの上座・下座

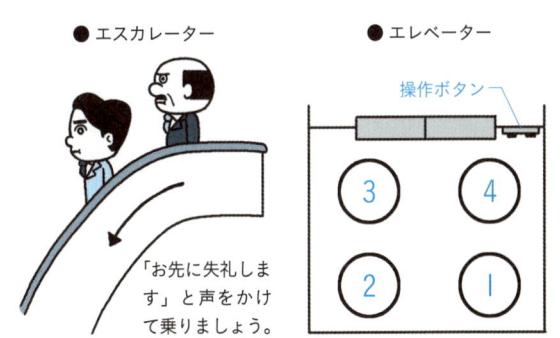

● エスカレーター

「お先に失礼します」と声をかけて乗りましょう。

● エレベーター

操作ボタン

3　4

2　1

デスク使用のマナー

職場のデスクはつねに整理整頓し、快適な環境で仕事ができるようにしておきましょう。

心得　快適なオフィス環境を整える

　会社のデスクは、当然のことながら会社の設備です。乱暴に扱ったり、汚したりしないようにしましょう。

　デスクの上が乱雑になっていると、業務に支障をきたすことがあるので、つねに整理整頓を心がけ、定期的に掃除するよう努めてください。

　快適なオフィス環境を整えるのは、自身のためだけではありません。同じ職場で働く人たちに不快感を与えないよう気を配ることも重要なビジネスマナーです。

手順　デスクの上に資料を出しっぱなしにしない

　デスクの上には、基本的に現在の作業に必要なものだけが出ている状況が望ましいです。昼休憩や外出などでデスクを長時間離れるときは、資料を机の上に出しっぱなしにしておかないよう注意しましょう。紛失や情報漏えいを防ぐため、退社時には資料をデスクの引き出しに片づけてから退社します。

　また、防犯上の観点からデスクの引き出しに貴重品を入れたままにしないようにしましょう。

よくある失敗 残業のときに食べようと思ってバナナを引き出しに入れてあったことを忘れたため、社内に悪臭が漂うという騒動に。食品はかならず持ち帰るか、食べてしまいましょう。

注意事項 上着を椅子にかけない

他人のデスクの上に置いてある書類や資料については、本人が不在であるからといって、許可なくさわらないようにしましょう。本人がデスクに戻ってきた際に、本来あるべき位置に書類や資料が置いてなければ、不審に思うことがあるかもしれません。

また、椅子の背もたれに洋服をかけるとシワになるだけでなく、ほかの人の歩行の邪魔になることもあるので、上着やコートはロッカーに置くようにしましょう。

こんな場合 バッグはデスクの下のスペースに置く

ビジネスバッグはデスクの下のスペースに置くと、ほかの人の歩行の邪魔になりません。また、大量の私物を引き出しやデスクの下に置くこともやめましょう。

一時的に荷物が増えるときは、総務担当者に相談し、荷物を置けるスペースを社内に設けてもらうか、入る大きさであればロッカーに入れましょう。

デスクまわりには業務に必要なものだけ置くのがビジネスマナーです。

ロッカー使用のマナー

ロッカーは会社の設備です。業務に必要のないもの
を持ち込まないようにしましょう。

心得　仕事に無関係なものを入れない

　ロッカーは会社の設備であり、共有スペースでもあるので、業務に必要のないものを持ち込んではいけません。

　ネクタイやシャツなどの予備を保管する場合でも、使ったあとはかならず持ち帰りましょう。

　化粧品やアクセサリーを保管している女性は、コンパクトにまとめておくようにしましょう。履き替えた靴下やストッキングを放置するのはマナー違反です。

注意事項　貴重品を入れない

　ロッカーの中に入らない荷物をロッカーの上に置くのはマナー違反です。ロッカーに入らない場合は荷物自体を減らすか、デスクの下に置くようにしましょう。

　社内で盗難の被害にあうとはだれも想像していませんが、カギのついているロッカーが支給されている場合は、万が一のことを考えて、面倒でもかならずカギをかけるようにしましょう。

　また、カギの有無に関係なく、貴重品を置いてはいけません。

よくある失敗  先輩がロッカーに入れていたゴルフクラブがなくなり、騒動に。盗難は許されるものではありませんが、そもそも、ロッカーにゴルフクラブを保管していたことが問題となりました。

こんな場合 弔事に備え用意しておくもの

社員やその家族、得意先の関係者の通夜・葬式など、訃報（ふほう）は予期できません。そこで、突然の弔事に備え、男性ならロッカーに、黒いネクタイと黒い革靴、女性なら黒色のカーディガンや黒のパンプス、黒いストッキングなど用意しておくと役立ちます。

葬式に参列する場合は、会社に礼服と靴を持参してロッカーに置いておき、会場に出かける前に着替えるようにすればよいでしょう。

▌ロッカーに入れておきたいもの

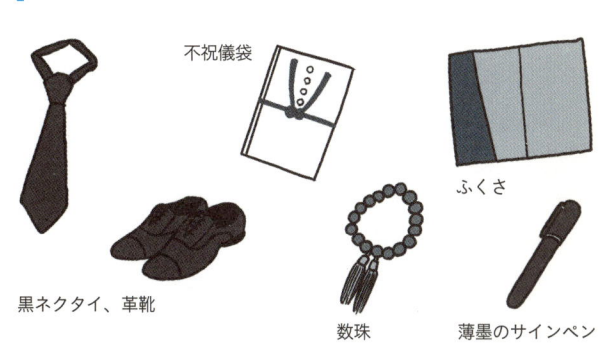

不祝儀袋

ふくさ

黒ネクタイ、革靴

数珠

薄墨のサインペン

トイレのマナー

公共スペースだからこそ、丁寧に使用を。つねに次に使う人のことを考えましょう。

心得 トイレが汚い会社は嫌われる

「トイレを見れば、その会社のマナーのレベルがわかる」「トイレは会社の顔」などと言われています。トイレはお客様や業者の人をはじめ、多くの人が利用する会社の公共スペースなので、清潔感が保たれていれば「しっかりした会社」、反対に汚れていれば「ルーズな会社」だと判断されかねません。

トイレを使用するときは汚さないよう気づかい、流し忘れのないようにしましょう。

言葉遣い 対外的には「お手洗い」と呼ぶ

ビジネスシーンでは、「トイレ」という言葉は使いません。対外的には、「お手洗い」といいます。なお、電話を取次ぐ人がトイレにいる場合は、「席を外しております」と伝えましょう。

訪問先でやむをえずトイレを借りる場合は、「恐れ入りますが、お手洗いをお借りできますか」と申し出ましょう。女性であれば、「お化粧室をお借りしてもよろしいでしょうか」という言い方がスマートです。

よくある失敗　個室トイレでスマホをいじっていて、便器の中に落としてしまう人がいます。ひとりでリラックスできる空間ではありますが、長時間利用していると迷惑で、サボっていると思われます。

注意事項 トイレで噂話（うわさ）をしない

そもそもトイレは「一服」する場所ではありません。気分転換したいときは、休憩スペースや近くの公園などを使いましょう。

また、トイレで顔を合わせた同僚とともに、ほかの人の悪口や噂話をするのは厳禁です。個室にだれが入っているかわからないので、トイレでは当たりさわりのない会話にとどめましょう。

こんな場合 訪問先ではやむを得ない場合のみ

打ち合わせや会議の前、外出する前に、必ず用を足しておきましょう。訪問先でトイレを借りるのは、やむをえない場合のみ、と考えるのが普通。がまんする必要はありませんが、相手に余計な気をつかわせてしまいます。

また、トイレの清掃を専門業者に依頼している会社があります。汚れていたり、忘れ物を見つけたりした場合は、総務係などにひと言伝え、対応してもらいましょう。ただし、トイレットペーパーの補充は業者でなく、最後に使い切った人が次を準備します。

落とし物・忘れ物のマナー

落とし物・忘れ物をしたときは、すぐに関係各所に
届け、問題に発展しないよう努めましょう。

心得 大至急、上司に連絡する

　そもそも業務用のノートパソコンなどにはパスワード
の設定が必要です。業務中にバッグや資料などを落とし
たり、置き忘れたりしたことに気づいたときや、出先で
ノートパソコンやタブレットを紛失したとわかったとき
は、すぐに会社に連絡しましょう。

　得意先との取引状況、顧客の個人情報など、外部に漏
れると大問題に発展しかねない情報が入っていると、警
察への連絡などの対処が必要になることもあります。

手順 管轄の警察署に連絡する

　仕事で必要なもの、私物のいずれであっても、落とし
物をした場合は、管轄する警察署へ届け出ます。また、
電車やバスなどの交通機関に置き忘れた場合は、その機
関にも連絡しましょう。

　キャッシュカードやクレジットカード入りの財布を落
とした場合は、落としたと思われる地区の所轄の警察署
に届け出るだけでなく、カードの発行会社に電話を入れ、
カードが使用できないよう申請しましょう。

よくある失敗 同僚と居酒屋で酒を飲み帰宅後、大事な書類の入ったバッグを電車などに置き忘れたことに気づいたという人は少なくないでしょう。重要書類を持っている日は、お酒を慎むなどの自制が必要です。

こんな場合① 社内で拾ったら本人か総務へ連絡

社内で落とし物を拾った際、名刺や免許証、署名入りの文書などから持ち主が特定できるものであれば、すぐに本人に連絡をし、手渡しで届けてあげましょう。

持ち主がわからない落とし物であれば、総務に届け出て、総務担当者に落とし主を見つけてもらうようにしてください。その際には、社内のどこに落ちていたのか、いつごろ発見したのかなど、持ち主を探す手がかりになる情報を伝えましょう。

こんな場合② 見つけてもらった場合の謝礼

落とし物を拾って届けてもらった場合、届けてくれた人へのお礼が必要です。重要書類など、会社で必要なものを拾ってもらった場合は、上司と相談してどのようにお礼をするかを決めましょう。

また、財布などを届けた人が請求した場合、5 ～ 20%の謝礼をしなければならないこともあります。落とし物を受け取った警察署で確認し、連絡したり、謝礼を振り込んだりするなどの対処をしましょう。

Chapter 3

失礼のない「訪問」と
「来客応対」のルール

得意先や取引先などへの訪問や来客への応対は、会社の品位が問われるシーンです。「会社の窓口」として恥をかかないよう、丁寧な作法や言葉づかいを心がけましょう。

ドアの開け方

得意先とのつきあいの基本姿勢

自分を通じて会社が見られていると意識し、好感の
もたれるふるまいを心がけましょう。

心得 「会社の窓口である」ことを忘れずに

　得意先の会社を訪ねるとき、あなたはその案件に関しての「会社の窓口」であると心がけ、だれに対しても礼節を欠かないよう注意が必要です。

　得意先が自社を訪ねてきたとき、自分の「ホーム」であることから気がゆるみ、尊大な態度をとってしまうと会社全体の評価を落としてしまいます。あなたという人物を通して、会社が評価されることを忘れないようにしてください。

手順 遅刻や忘れ物をしない

　他社へ訪問する場合は、事前にアポイントメントを取り、面会の日時や相手の担当者を確認してから出向きましょう。

　もっとも重要なのは、時間厳守。商談や会議などで遅刻をすると、相手から「時間にルーズな会社（担当者）」と見られます。遅れるときは必ず連絡しておわびを。

　また、名刺はもちろん、先方との商談や打ち合わせに必要な資料を忘れないよう、出る前に確認しましょう。

よくある失敗 約束の時間に10分遅刻しただけで、先方からお叱りを受けるはめに。商談もままならず帰社すると、上司あてに「担当を代えてほしい」とのメールが……。時間に厳しい会社ではありえます。

言葉遣い 得意先にはすべて敬語を使う

　得意先の担当者がどのような職位、年齢であろうとも、またどんな場所、時間であろうとも、すべて敬語を使います。これは円滑なコミュニケーションを築くための基本となるビジネスマナーです。

　そのためには、日常でよく使う敬語、たとえば「わかりました」は「かしこまりました」や「承知しました」、「見ます」は「拝見します」、「見てください」は「ご覧ください」と言い換えられるようにしておきましょう。

こんな場合 来客には誠意をもって応対する

　来客は、応対に出た社員の態度を見て、会社全体のイメージをもちます。応対する担当者の役割も重要です。

　来客への応対の基本姿勢は、「わざわざご足労いただき、感謝します」という気持ちで誠意をもって接することです。自分から「いらっしゃいませ」「こんにちは」と明るく声をかけましょう。

　また、通路や廊下、エレベーターなどで来客と視線が合ったら、かならず会釈をしましょう。

アポイントメントの取り方

いくつかの日時の候補を出し、相手の希望を聞いて
から訪問日時を決めましょう。

手　順　面会希望の日時を幅広く設定

　アポイントメントの連絡は、電話かメールで行ないます。相手に訪問の目的や所要時間、人数などを伝えましょう。このときに注意すべき点は、複数の日程の候補を出し、相手の希望に合わせて訪問することです。急ぎでない限り、幅広く日程を設定することがポイントです。

　企画書や必要な資料があれば、「当日までに、お目を通していただければ幸いです」と記して、メールで送っておくと、当日、スムーズに話が進みます。

注意事項　同行する上司との日程すり合わせ

　上司や先輩などに一緒に訪問してもらう場合は、訪問日時を決める前に、あらかじめ可能な日程を聞いて調整が必要です。訪問の目的や面談の内容を伝え、どの程度スケジュールの調整がききそうかの確認をして、予定を組み込んでもらうようにしましょう。

　また、同行した際、発言をしてもらうために、「○○に関する説明を□□部長にお願いできませんでしょうか」など、事前に依頼しておきましょう。

よくある失敗 「○日の14時にお伺いします」と電話で伝えたはずが、相手は「（午後）4時」のつもりで待たされるはめに。アポを入れるときは、「14時、午後2時です」と重ねて伝えるようにしましょう。

言葉遣い 都合のよい日時を教えてもらう

電話でアポイントメントを入れるときは、まず「○○の件で御社へお伺いし、ご説明したいと思います。お時間は30分ほどですが、ご都合はいかがでしょうか」と用件と必要な時間を相手に伝えます。

相手が承諾すれば、「○日から○日のあいだで、ご都合のよい日時を教えていただけますか」とたずねます。決定すれば、「それでは、○日の○時に伺います。よろしくお願いいたします」と告げましょう。

こんな場合 変更が生じたらすぐに連絡する

アポイントメント内容について、日時や人数など変更が必要な場合は、すぐに先方へ連絡しましょう。相手は会議室の手配など事前に準備をするので、変更事項の連絡は急ぎで行なう必要があります。

また、予定どおりの場合でも、前日に相手に変更がないか電話かメールで確認することをおすすめします。多忙な相手だと、訪問する日時をかんちがいしていたり、忘れていたりする場合があるからです。

はじめて連絡するときのマナー

面識のない相手にはじめてアポを取る際には、まず
会社の紹介と目的を最初に伝えます。

手 順 相手企業と担当者の下調べをする

　はじめて連絡する場合、電話でアポイントメントを入れる前に、相手企業の下調べが必要です。業種、商品やサービスの内容、どの部署に連絡すべきかなどの情報を集めましょう。

　面識のない相手には、自社と自身のことを手短に説明し、関係がありそうだと思ってもらう必要もあります。そのために、どういう理由で接点があると思ったのかも伝えられるようにしましょう。

言葉遣い まず、「はじめて連絡いたしました」

　電話がつながって、第一声は「はじめてご連絡差し上げました。わたくしは、○○株式会社営業部の××と申します。弊社は、□□の企画・販売をしている会社です」。まずは、手短に社名、事業内容などを説明します。

　次に、「●●を手がけられている御社に、■■をご提案したく、連絡いたしました。ご担当者様は、いらっしゃいますか？」とたずねましょう。ここまでの話は、担当者に代わってからも同様にくり返します。

 **よくある失敗** はじめてアポを入れた会社の担当者が、のらりくらりしていたので、「○月○日にお会いできますか？」と伝えたら、「勝手に決めるな！」と注意されました。ねばり強く話を聞くことも大切です。

こんな場合① 本題に入る前に連絡先を知った経緯も

　無視されがちなため、あまり使われませんが、いきなりメールでアポを入れることもあります。その場合、「件名」に「株式会社○○より　アポイントメントのお願い」のように、会社名前と用件を明示しましょう。

　メールを受け取る相手は、「どうして自分のアドレスを知っているのか」と警戒を抱きます。そこで、本文に、紹介を受けた、ホームページから調べたなどの経緯を、ひと言入れてから、本題に入るようにしましょう。

こんな場合② お礼の言葉を伝える

　電話でアポイントメントを入れて断わられたときでも、すぐに電話を切ったりせず、「承知しました。お忙しいところ、ありがとうございました」と、ひと言お礼の言葉を伝えるのが常識です。

　また、メールで断わりの連絡をもらった場合は、「ご返信いただき、ありがとうございます。またの機会にご面談の時間をいただければ幸いです」と、次につながるような返事を送りましょう。これも大事なマナーです。

手土産の選び方・渡し方のマナー

先方に渡す手土産は季節を考えて選び、渡すタイミングや渡す相手もよく考えましょう。

心得 多くの社員が口にできるお菓子が最適

はじめて訪問する得意先や、出張で出向く遠方の企業には手土産を持参します。手土産は相手企業の担当者個人でなく、社員に喜ばれるものを選びましょう。一般的なのはお菓子で、なかでも個包装になっていて数がたくさん入っている焼き菓子がよいでしょう。

なお、生菓子の場合は賞味期限を、夏場のケーキや冷菓の場合は保冷剤がきく時間を、きちんと確認してから購入してください。

手順 あいさつのあと下座に座る人に手渡す

手土産を渡すのは、受付を終え、部屋に通されて最初のあいさつ（名刺交換など）をした直後です。

先方の担当者がひとりであれば、その人に渡します。ふたり以上の場合は、下席に座る人に渡しましょう。複数で訪問した場合は、全員の名刺交換が終わってからにしましょう。その際は、両手で差し出し、「本日は、お時間をいただきまして、ありがとうございます。よろしければ、みなさんで召し上がってください」と言います。

よくある失敗　「つまらないものですが」とお土産を渡したら、「つまらないの?」と聞き返されて、言葉につまりました……。「心ばかりのものですが」と伝えるべきでした。

注意事項 外袋から取り出して包装の状態で渡す

　手土産を持ち歩き用の外袋（紙袋やビニール袋）に入れて持参した場合は、外袋から手土産を取り出して渡します。このとき、外袋はたたんでソファの横など邪魔にならない場所に置きます。手土産は、正面を相手に向けて両手で渡しましょう。

　なお、訪問先に上司が同行する場合は、上司から渡してもらいます。訪問は会社を代表して行なうことなので、上司から渡すのがマナーです。

こんな場合 受け取ったらテーブルの上座位置へ

　手土産を受け取ったときは、「ありがとうございます」とお礼をして、両手で受け取ります。そのまま置きっぱなしにすると、ぞんざいな扱いをしているような印象を与えるので、まずテーブルの上座に置きます。

　本題に入る前に、人を呼んで「いただきました。お願いします」と、手土産を引き取ってもらいましょう。お菓子なら、お皿に移して一緒に食べてもかまいません。このときは、「おもたせで失礼します」といいます。

訪問先の受付でのマナー

服装やヘアスタイルを整えてから受付に出向き、受付では訪問先のルールに従いましょう。

心得　身だしなみを整えてから

　約束の時間の5〜10分前には到着し、服装やヘアスタイルを整えてから受付に向かいましょう。

　冬であれば、コートは入口の前で脱ぎ、マフラーや手袋を取ってから受付へ向かいます。脱いだコートは裏返しにしてたたみ、片手で持ちます。

　取次いでもらっているあいだは、受付係の指示にしたがい、待ちます。ソファに座るよううながされた場合は、座ってもかまいません。

手順　受付で会社名・氏名などを告げる

　受付では、会社名、氏名、訪問相手、用件、約束の有無をはっきり告げます。また、受付で面会票に記入したり、来客プレートをつけたりするルールを採用している場合は、それらのルールに従いましょう。

　内線受付の場合は、「ただいま、受付に到着しました」と告げます。相手が「ただいま、そちらへまいります」などと答えたら、静かに受話器を置きましょう。この場合は、立って待ちます。

 **よくある失敗**　たびたび訪問する受付係と顔見知りになり、話しこんでいると、同行の上司から「私語はやめろ」と注意を受けました。「いつもお世話になります」のひと言をそえる程度にとどめましょう。

言葉遣い　取次ぎの依頼は簡潔に

　受付で取次ぎを依頼するときは、次のように告げるとスムーズに運びます。約束をして訪問している場合は「わたくし、○○商事の□□と申します。本日午後2時に営業課長の△△様（営業○課の△△課長）とのお約束があり、うかがいました」と切り出しましょう。

　用件を告げる場合は、「本日は●●の打ち合わせで、営業課長の△△様に午後2時からお約束をいただきました」といったように、告げるとよいでしょう。

こんな場合　ノックをしてドアを開ける

　受付がない会社の場合は、オフィスの入口でノックし、返事を待ってドアを開けます。そして「失礼いたします。○○商事の□□です」と名乗りましょう。

　入口からいちばん近い席にいる人か、立ち上がって応対してくれる人に、「△△部長と午後○時にご面談のお約束をいただいております。お取次ぎをお願いします」と、用件を伝えれば、「飛び込みセールス」とまちがえられることはありません。

打ち合わせ・会議のルール

議事進行に協力し、ほかの参加者の意見をよく聞き、
自分の意見も率直に述べましょう。

心得 自分以外は、先生と考える

　打ち合わせや会議に参加するときは、テーマに対する自分の意見を事前にまとめておきましょう。行ってから考えるようでは、有意義な意見交換ができません。

　打ち合わせや会議では、多くの人が意見や提案をします。「自分以外はすべて先生」と考えて、質問を恐れないようにしましょう。

　上司の会合に同席する場合でも、発言しないのはダメ。自分の立場から、率直な意見を出しましょう。

言葉遣い 上司の意見に「なるほど」はNG

　会議は討論の場でもあります。自分の話を聞いてもらうために、発言するときは「私はこう思います」「質問です」など、要旨を先に宣言してから話しましょう。

　だれかが話しているときに私語をしたり、話を途中でさえぎって発言したりするのはマナー違反。意見があるときは、「発言してよろしいですか」との確認が必要です。

　また、目上の人の意見に「なるほど」とうなずくのは失礼です。「おっしゃるとおりです」と言いましょう。

よくある失敗 ほかの人の意見を聞いていなかったため、司会者から発言をうながされたときにトンチンカンな返答をしてしまいました。ほかの人の意見に耳を傾け、会議の流れを把握しましょう。

姿勢 会議中のスマホは基本禁止

会議中に、調べものをしようとスマートフォンをいじる人が増えていますが、もちろんこれはダメ。話を聞きながら調べていても、相手には「聞く気がない」ととられます。

姿勢や目つきがきっかけで、ほかの出席者に「やる気がない人」と思われないよう、つねに発言している人の顔を見るクセをつけましょう。

気づかないうちにやってしまう貧乏ゆすりも、印象が悪いので注意が必要です。

こんな場合 司会者に断わってから出る

会議中に部屋から出ないことは、社会人の常識です。緊急な連絡が入ったり、体調が悪くなったりしたときは、司会者にひと言告げてから退室しましょう。

その際、急いでいても走ってはいけません。議事の進行のさまたげにならないよう配慮するのがマナーです。

パワーポイントを使ったプレゼンなど、映像資料を上映しているときは、ほかの出席者の邪魔にならないよう、姿勢を低くして静かに退室してください。

会議を主催するときの作法

来社してもらう参加者に必要事項を伝え、飲み物な
どは時間前に準備しておきましょう。

手順① 参加者に日時、場所など伝える

　会議の議題、日時、場所、開始・終了時間、参加人数
などが決まったら、すぐに出席者に必要事項を連絡しま
しょう。この連絡は、「決まったらすぐ」が鉄則です。

　また、アンケートや企画案、プレゼンに必要な資料な
ど出席者が持参すべきものがあれば、すぐ伝えます。

　とくに、遠方から参加するなど、会場までの交通手段
がわからないという出席者には、住所や地図、駐車場な
どを事前に伝えて確認をとりましょう。

手順② 会場のセッティングは事前に

　会議当日は、参加者の立場や人数に応じて座席を配置
します。ホワイトボードや映写システムなど、必要なツ
ールがそろっているか、配布資料に不足はないか、もう
一度チェックしてください。

　会議室を使う場合は、照明や室温、換気など調整方法
を事前に確認しておきます。

　なお、飲み物の用意は主催者側がすべきものです。事
前に人数分を用意しておきましょう。

よくある失敗 会議のメインゲストが大遅刻。原因を聞いてみたら、メールで送った地図のURLが開けなかったとのこと。メールで連絡する際は、送信前に確認が必要です。

言葉遣い 会議の開始と終わりのあいさつ

司会者は、会議前になるべく全員にあいさつをすませましょう。開始時間になれば、「定刻になりましたので、はじめます。よろしくお願いします」と呼びかけます。

冒頭のあいさつは、「本日はお忙しいところをお集まりいただき、ありがとうございます」。終わりのあいさつは、「みな様のおかげで中身の濃い会議ができ、うれしく思います」や「おかげ様で、たいへん有意義な会議となりました」など、成果とお礼を述べます。

こんな場合 話の長い人へのうながし方

よくしゃべる出席者の意見ばかり聞いてしまうと、そのほかの参加者が不満をもつことがあります。司会者はいつも中立であり、全員の意見の一致をめざして進行しなければなりません。

話の長い人には、「恐縮ですが、時間が限られていますので手短にお願いします」や「○○にしぼってご意見をいただけますでしょうか」とやんわりと伝えましょう。もちろん、話は途中で切らず、終わるのを待ちます。

訪問を終えたときのマナー

面談が終われば、相手にお礼を述べて退席します。
時間を厳守するのがビジネスマナーです。

手順 用件がすんだらすみやかに辞去する

　面談は時間内に話をすませるのがマナーです。相手は
あなたとの打ち合わせのあと、社内で打ち合わせや会議、
あるいは外出など予定が入っているかもしれません。

　用件がすんだら、時間が余っていてもすみやかに辞去
しましょう。相手はもちろん、時間に余裕をもって次の
仕事に移ることができるからです。円滑に仕事を進める
には雑談も重要ですが、その前に「まだ少し話をしても
よろしいですか？」というひと言が必要です。

言葉遣い 面談のお礼を伝える

　面談が終わったら、「本日は貴重なお時間をいただきま
して、ありがとうございました。今後ともどうぞよろし
くお願いします」と相手に伝え、立って一礼しましょう。

　受付を通る際にも、「お世話になりました」「お邪魔し
ました」と一礼するのがマナーです。玄関先やエレベー
ターまで見送りがあれば、そこでもお辞儀が必要です。

　なお、冬期でも、コート類やマフラーは外に出てから
身につけてください。

よくある失敗　予定時間をオーバーしても話し続けてしまい、次のアポを入れるとき「○時まででお願いします」と、ピシャリ。訪問した側は、「終わりの時間」の厳守も心がけましょう。

こんな場合　次の面談の予定を決める

　予定の時間内に決定すべき事柄がまとまらなかったり、アイデアが出てこなかったりするケースは少なくありません。こういった場合は、次回の打ち合わせの日時、場所、それまでにおたがいが練っておくべき事柄などを決め、面談を終えるようにしましょう。あらためてアポイントメントを取らなくてもよいので効率的です。

　もちろん、「あらためて時間をつくっていただき、ありがとうございます」と感謝の言葉を伝えましょう。

注意事項　エレベーターでの会話は慎む

　面談を終えて退席したあと、エレベーターを使う際には、注意が必要です。

　上司や先輩が同席して訪問した場合、面談した相手の特徴や印象などを、エレベーターの中でつい話をしてしまいがちですが、ドアが閉まった直後の会話は聞こえます。またエレベーターの中に訪問先の関係者が同乗していることもあります。得意先の施設内では気をゆるめず、服装や姿勢を正したまま、静かにしておきましょう。

来客を迎える準備

来客があることを受付や総務担当者に連絡し、応接
室や会議室の手配を忘れないようにしましょう。

心　得　目的に応じた準備を

　自社に来客を招いて打ち合わせをすることが決まった
ら、その打ち合わせに何が必要かよく考えましょう。相
手に「用意しておくものがあればお知らせください」と
たずねてもかまいません。

　準備は部屋と飲み物だけではありません。ホワイドボ
ードや映像機器は必要か、録音する必要はあるかなど、
打ち合わせが快適な環境でスムーズにはかどるよう心が
けるのが迎える側のマナーです。

手　順　来客があることを周囲に伝える

　応接室や会議室を使用する際、事前に使用許可が必要
な場合は担当部署に申請しましょう。

　当日は早い時間に、受付や総務担当者に「○時に△△
商事の□□さんが訪ねてこられます。会議室に通してく
ださい」と伝えておくと、取次ぎがスムーズになります。

　来客人数が多いときは、だれが会議室まで案内するの
か、人数分の飲み物や資料などを、だれが用意するのか
を先に決めておきましょう。

よくある失敗 打ち合わせの時間までに資料作成が間に合わず、来客を受付で15分ほど待たせてしまい、謝罪するはめに。来客への準備は時間に余裕をもち、また周囲にも伝えて手伝ってもらうことも必要です。

言葉遣い 重要さを説明して同席を依頼する

打ち合わせの内容とは直接関係なくても、来客と上司を引き合わせておくと有効な場合もあります。前日までに上司に伝え、可能なら「最後にひと言ごあいさつをお願いできますでしょうか」と、依頼してみましょう。

判断がつかない場合は、面談の重要性を伝え、「○○部長に、ごあいさつをしていただきたいのですが」「ご同席いただき、アドバイスをいただきたいのですが」と切り出してみましょう。判断するのは、あくまで上司です。

こんな場合 ほかの社員あての来客にも誠実に

自分あての来客ではなくても、受付や廊下で顔を合わせたときは「こんにちは」とあいさつし、会釈しましょう。「○○部はどちらでしょうか？」と場所をたずねられたら、先導して部屋まで案内し、直接取次ぎます。

「来客は相手の企業を代表して訪問する人」です。対応する側は、丁寧かつ親切にふるまう必要があります。

当然、応接室や会議室などを使ったあと、テーブルや椅子を整えることを忘れないようにしましょう。

来客の案内と誘導のマナー

受付から応接室へ来客を案内するときは、相手へ気を配りながら丁寧に先導しましょう。

手順① 来客の斜め前を歩く

来客が自分を訪ねて受付まできたら、相手を待たせないよう、ただちに出迎えます。そのまま会議室や応接室まで誘導する場合、来客の斜め前を歩きましょう。このとき、歩くスピードは相手のペースに合わせ、せかすことのないよう注意が必要です。

また、階段で移動するときは、来客に手すり側を歩いてもらうようにします。これらは来客を迎える側のマナーです。

言葉遣い 「ご案内します」と告げる

来客を誘導する際は、「○○までご案内します。こちらへどうぞ」と告げます。相手が大きな荷物を持っていれば、「お荷物をお持ちしましょうか」と声をかけます。

階段では、「段差がございますので、足元にお気をつけください」と注意をうながします。角を曲がるときは、「どうぞこちらです」と、手のひらで先を示しましょう。

応接室（会議室）に着いたら、「こちらでございます」と声をかけ、入室してもらいましょう。

よくある失敗　来客を案内したとき、こちらの歩調のスピードが速く、相手が困った表情で「置いていかないでください……」とやんわり注意されました。それ以降、相手の歩調に合わせて歩くようにしています。

手順②　来客を上司に紹介する

　訪ねてきた自分の顧客を、上司にはじめて引き合わせる場合は、まず紹介をします。その場合に覚えておきたいルールは、「他社の人に向かって、自社の人を紹介する」ということ。役職は関係ありません。

　「○○様（顧客）、こちらが私の上司の●●です」と言えば、顔を合わせたふたりが名刺交換をはじめます。なお、上司が名刺交換であいさつをしてお辞儀をしたら、それにならって頭を下げましょう。

こんな場合　来客に判断をゆだねるケース

　来客に対し、自社の担当者が不在の場合は、「たいへん申し訳ありません。○○はただいま外出しております」とおわびをそえて伝えます。

　約束を取りつけて来社して相手には、「ただちに呼びますので、しばらくお待ちいただけますでしょうか」とたずねます。アポなし訪問なら、その後の対応は来客の判断にゆだねます。「戻りしだいお電話を差し上げるよう申し伝えましょうか」と、たずねるとよいでしょう。

来客の席次のルール

来客と話をする応接室や会議室には、上下関係を表わす席次がありますので、覚えましょう。

心得　来客には上座をすすめる

　席次とは上下関係を表わす席順のことで、来客に対するおもてなしの心がこめられた日本古来の慣習です。

　応接室の場合、来客は役職の高い人が座る上座へ案内します。一般に、入口からいちばん遠い席です。絵画などの装飾品が見やすい場所でもあります。

　ただし、大きな窓があって眺望がよい場合には、入口側であっても景色が見える席が上座になります。このような部屋に案内する際は、事前に確認が必要です。

応接室の席次

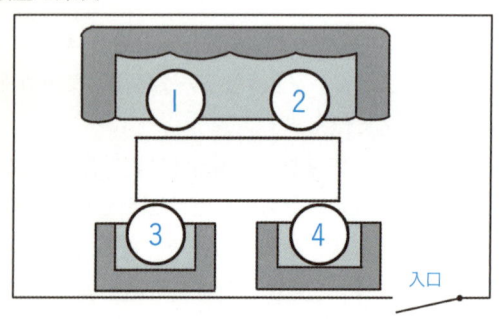

入口に遠い側の席が上座。来客の最上位の人が座る。

 **よくある失敗** 上司あての来客2名を応接室に案内した際、年配の来客を上座へ案内するも、名刺交換をしてみると若年の来客のほうが上司とわかり、冷や汗をかく……。事前に確認をしておきましょう。

心得　会議室は議長席が上席

　会議室では、入口からいちばん遠い議長席が上座となります。「コの字タイプ」の席の配置の場合、①が議長席で、それに近い席がより上座となります。来客者には、下の図でいえば、②か③の席をすすめましょう。

　対面式の席の配置の場合は、入口から遠い側の列が来客側で、その中央が上座になります。自社側は入口に近い側の席に座り、来客側と同じく列の中央が上司の席になります。

| 会議室の席次

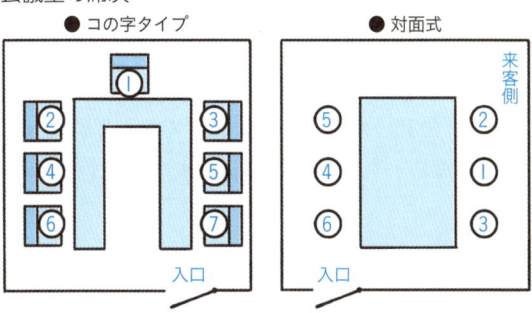

対面式では、来客側、自社側とも列の中央（右図①）が上座となる。

お茶の出し方

来客へお茶を出す場合、「上座から順に出す」など、
いくつかのルールがあります。

心 得　席次順に来客から先に出す

　お茶は上座にいる人から順に出すのが基本です。応接室や会議室では、来客は上座に座るので、入口から遠くに座っている人から順に出しておけば、大きなミスはないでしょう。

　来客が複数の場合、たとえば3つの椅子が並んでいれば中央が上座になるので、中央に座る来客から先にお茶を出しましょう。

　出し終えたら、自社の上司から順に出していきます。

姿 勢　下座側から両手でお茶を出す

　茶托に茶碗をセットし、それをのせたお盆を片手で持ち、もう一方の手で、応接室や会議室などのドアをノックします。「失礼いたします」と告げてから部屋に入り、室内に入ったら一礼して半身の態勢になり、ドアを閉めます。

　お盆は、サイドテーブルがある場合ならそこに、なければテーブルの下座側に置きます。下座側から「どうぞ」と声をかけながら両手で出しましょう。

よくある失敗　せまい応接室なのに、とにかく右から出すことにこだわりすぎて背後に回りこんだ際、誤って来客と接触……。お茶をこぼすくらいなら、ひと言「前から失礼します」と言って出しましょう。

言葉遣い 「失礼します」と断わりを入れる

　サイドテーブルがなく、またテーブルの下手にもお盆を置くスペースがないときは、片手でお盆を持ちながらお茶を出していきます。その際は「片手で失礼します」と断わってから出しましょう。

　また、上座の来客に出すとき、テーブルが壁側に寄せてあり、移動しづらい場合は、無理に壁側に回り込むより「こちら（前）から失礼いたします」と、ひと声かけて正面から出してもかまいません。

こんな場合 置く場所を確認する

　テーブルの上に図面などを広げた状態など、打ち合わせが進行中で、お茶を置くスペースが狭くなっていれば、あいているスペースを見つけ、「こちらに失礼します」と確認したうえで、出しましょう。

　まったくスペースがなく、お茶がのちのち邪魔になりそうなときは、下座の自社社員に「お茶をお持ちしたのですが、お出ししてもよろしいでしょうか？」と、小声で確認し、判断をあおぐようにします。

来客との打ち合わせの進め方

打ち合わせのテーマを明確にし、おたがいに実りが
あるよう意見交換し、時間を有効に使いましょう。

心得 相手の意見には誠実な態度で耳を傾ける

　相手がはじめて来社した人である場合は、慣れない環境にいることから緊張しがちなので、自分から話をふっていき、場をなごませるとよいでしょう。

　打ち合わせでは、相手からの意見や質問に誠実な態度で耳を傾けます。また、質問は相手の話が終わってからはじめましょう。

　打ち合わせが意見交換の場であれば、できる限り多くの意見を積極的に聞くのが基本のマナーです。

言葉遣い 最初に感謝の気持ちを伝える

　来客には、まず「本日はお忙しいところ、ご足労いただきありがとうございます」と述べましょう。来てもらった時点で、手間をかけていることを忘れずに。円滑に進めるための、大切なひと言です。

　いろいろな意見が出て議論がまとまらないときは、「ほぼ意見も出つくしたようですので、意見を整理しておきましょうか」と切り出し、論点をしぼります。誠実な姿勢と同時に、仕切る態度も見せる必要があります。

よくある失敗 時間内に終えることばかり気にしたため、話は進んだものの、重要な部分の結論があいまいに……。「では○○については●●といたします」と伝えるなどして、丁寧な進行を心がけましょう。

手順 テーマを明確にしてのぞむ

打ち合わせの冒頭に、「本日は×××について、ご意見をうかがいます（ご提案をさせていただきます）」とテーマを簡潔かつ明瞭に伝えましょう。

また、参加者が複数いる場合に、それぞれ面識があるかどうかを確認する必要もあります。本題に入る前に、出席者全員を紹介することを忘れずに。わからなければ、「○○様と●●様は、はじめてでしょうか？」などと確認しても、失礼にはあたりません。

こんな場合 結論をもち越すならおわびする

終了時間になっても、手つかずの案件や決定にいたらなかった議題が残っている場合は、今後どのように進めていくのかを決定してから散会します。その場合、まずは「残念ながらまとめることができませんでした。申し訳ありません」と、ひと言おわびをしましょう。

そのうえで「××については、後日ご都合のよい日時に御社に出向いて解決策を探りましょう」といった具合に、次の予定を決めておきます。

打ち合わせの終わらせ方

来客のほうから「それでは、そろそろ失礼します」
と切り出してもらえるよう、うながしましょう。

心得 帰りを急がせる言動は控える

　原則として「訪問した側が退去を切り出す」のがマナーです。そのため、たとえ打ち合わせの終了予定時間をすぎていたとしても、来客者の話が途中のときは、帰りをせかすような露骨な言動を取らないようにしましょう。

　ただし、次の予定が決まっており、どうしてもすぐに終了したいときは、「誠に申し訳ありませんが、本日は時間がございませんので、このあたりでお開きに……」と切り出しましょう。

手順 決定事項をまとめる

　打ち合わせの最後は、かならず「まとめ」を発表します。来客の提案を聞いた場合は「本日は貴重なご提案をしていただき、ありがとうございました。後日、あらためてこちらから連絡いたします」とあいさつします。

　決定事項と未決定事項を明確にし、新たに生まれた問題点も挙げておきます。未決定事項や新たな問題点など、もち越す案件について今後どうするのかを、はっきり決めましょう。

よくある失敗 打ち合わせ中に何度か時計を見ていたら、相手に「早く帰ってほしい」の合図だと解釈されたようです……。不機嫌になった相手に余計な気をつかったあげく、予定時間をすぎてしまいました。

言葉遣い 会議の終了は感謝の言葉でしめる

時間の都合で会議を終わらせたいときは、来客者（出席者）に「……ということで、いくつかの課題が解決しました。本日はここで終了し、残りは次回ということにしたいと思います、いかがでしょうか」と確認します。

会議のしめくくりは、感謝の言葉でまとめます。「おかげ様で中身の濃い会議になりました」「今日は貴重なご意見をいただき、ありがとうございました」と感謝の言葉を告げることを忘れないようにしましょう。

こんな場合 成果がない場合でもお礼を述べる

相手が「それでは、これで失礼します」と言い出せば、打ち合わせは終了します。たとえ結論が出せなかったり、提案をこちらから断わったりした場合でも、来客には足を運んでくれたことに感謝し、「本日はお越しいただきましてありがとうございました」と、丁寧にお礼を述べるのがマナーです。

なお、最初に上司が同席した場合は、終了したことを上司に伝え、見送りに出てきてもらいましょう。

来客を見送るときのマナー

会社の出口かエレベーターまで来客を見送り、姿が
見えなくなるまではしっかりと頭を下げます。

手　順　見送る場所まで誘導する

　来客を見送る際には、先方が帰りじたくを終えて立ち
上がるまでは静かに待ちます。このとき、その様子をじ
っと見ないようにしましょう。相手が立ち上がったらす
みやかに応接室や会議室の部屋の出入口に移動し、ドア
を開けて「どうぞ」と退室をうながします。

　続いて、来客を見送る場所まで誘導します。社屋の場
合は玄関先まで、テナントビルに入居している場合なら
エレベーターホールまで案内しましょう。

姿　勢　お辞儀をしたまま見送る

　社屋の玄関先まで見送る場合には、来客の姿が見えな
くなるまでしっかりとお辞儀をするのがマナーです。相
手が車で来訪した場合には、車が門を出るまで、頭を下
げたままで見送りましょう。

　来客をエレベーターホールで見送る場合には、ドアが
閉まるまでお辞儀をするのがマナーです。ドアが閉まる
前に背中を向けるのはNG。これを見られると、一気に
印象が悪くなってしまうことがあります。

よくある失敗　エレベーターで見送ったあと、「あ〜、長い話だった」と伸びをしていたら、ドアが開き、忘れ物をした来客が……。姿が見えなくなっても、すぐに気を抜かないようにしましょう。

言葉遣い 来社への感謝の言葉をかける

　玄関で見送るときも、エレベーターホールで見送るときも、最後のひと言は、「本日は弊社までご足労いただき、誠にありがとうございました」。来社に感謝する言葉をかけて、お辞儀しましょう。

　このほか、出入口で使うフレーズには、「どうぞお気をつけて、お帰りくださいませ」「では、また連絡いたします」「また、お目にかかれる日を楽しみにしております」などがあります。

こんな場合 見送り場所は相手によって変える

　来客の見送り場所は、オフィスの立地環境や相手との関係、来社理由などにより変わります。

　今後つきあう可能性が低く、玄関先まで見送る必要がない場合は、応接室や会議室の出入口などで来社のお礼を伝え、「こちらで失礼いたします」と、お辞儀をして見送ってもよいでしょう。重要な来客が車で訪問したときは、駐車場まで見送ってもかまいません。ただし、「こちらで結構です」と言われたら従いましょう。

Chapter 4

ストレスなく好感度を
上げる「つきあい」術

職場の人間関係に悩む若手社員は、たくさん
います。目標達成に向けて協力しあうためには、
上司部下の関係をふまえつつも、「思いやり」
と「心づかい」を大切にしなければいけません。

中華料理のテーブル

今日は上司と中華の会食！ここでアピールするぞ!!

社長!!私が取ります！

わ

グイ

部長 シューマイどうぞ！

先輩！春巻き食べましたか？

よーし さらにボクのテーブルさばきを披露しちゃうぞ!!

やかましい！ウロウロすな！グルグルすな!!

チェケ

こうなりたくないあなたは

職場における人づきあいの基本姿勢

好き嫌いによって態度を変えたり、異性を意識しすぎたりせず、全員と平等に接しましょう。

心得 仕事優先、事務的でもOK

　もし会社での人間関係に悩んでも、まずは自分の職務を果たすことを最優先に考えましょう。私情を持ち込んで、仕事に支障をきたすことは許されません。

　だれでも気の合わない人はいるもの。無理に仲よくする必要はありません。日常のあいさつをかわし、仕事上必要な会話を、事務的にできればOKです。

　ただし、相手の事情や気持ちを、少しでもわかろうとする努力は必要です。

言葉遣い あいさつ後のひと言はふり返り

「この前は、○○の件を教えていただいて、とても助かりました」「昨日は先に失礼してしまい、申し訳ありませんでした。あのあと、どうなりましたか」。

　人づきあいとは、コミュニケーションのくり返し。あいさつからはじまり、次の何気ないひと言から会話が展開していきます。きっかけとして、前のできごとをふり返るのもよいでしょう。お礼やおわびなどのひと言から謙虚に切り出せば、相手もやわらかく接してくれます。

よくある失敗　異性の同僚が気づかってくれるので、これは気があると思って誘ったら「かんちがいしないでください！」とピシッ！　職場において安易に恋愛感情をもちこまないようにしましょう。

姿 勢　落ち着いたふるまいと笑顔で

　職場では、いつでも落ち着いたふるまいを心がけましょう。個人的な事情で、接遇の態度が変わってしまうと、相手も不安になり、仕事に支障が出ます。

　仕事をしていく上では、ビジネスライクなふるまいというものがあります。人と接するときは、笑顔をたやさず、冷静な態度を保ちます。たとえプライベートで、問題や不安を抱えていても、会社に出てきたからには、仕事人を演じきるのが、プロフェッショナルです。

こんな場合　会社ごとのルールを確認

　働いている人どうしの距離感は、職場ごとにちがいがあります。家族的なつきあいをする会社もあれば、一定の距離を保つのがマナーという会社もあります。それは、会社の個性であり文化なので、どれがよい、どれが悪いというのはありません。

　冠婚葬祭でのお祝いやお悔やみ、上司へのお中元・お歳暮、年賀状など、具体的な慣習は、都度、先輩や上司に確認しましょう。

異動&転勤のマナー

社外への連絡は確実に。「後日連絡します」でも
OK。黙っていなくなるのは避けましょう。

心 得　引き継ぎ準備はいつも意識

　異動や転勤が決定したら、社外へのあいさつをすみや
かに行ないましょう。本来、重要な取引先などには直接
あいさつをするのがベストですが、電話やハガキ、メー
ルで連絡することも増えています。

　業務に支障が出ないよう、後任者への引き継ぎは綿密
にしましょう。担当している業務は、PCで閲覧できるデー
タか、プリントアウトしてファイルにまとめておけば、
突然の辞令があってもあわてることがありません。

手 順　当日ははやめに切り上げる

　あいさつする相手をリストにし、直接会う人、電話す
る人、ハガキやメールを送る人と連絡方法を決めます。
上司が同行する場合は、訪問先と日程を調整しましょう。
その際に、異動のあいさつであることを伝えます。

　転勤当日は、上司や同僚に感謝の言葉を述べ、はやめ
に切り上げましょう。赴任後1カ月ほどしたら、以前の
取引先や世話になった人に、あいさつ状を出すと、より
丁寧です。

よくある失敗 引き継ぎのあいさつを怠ったため、異動後も携帯にしょっちゅう電話がある。また顧客のひとりから「聞いてないぞ」と叱責され……。忙しくても社外には連絡が必要です。

言葉遣い 相手を不安にさせないひと言を

「今後につきましては、後任の○○が担当いたします。これまでと変わりなく務めてまいります。また課長の××が引き続き責任をもって指導いたしますので、ご安心ください」と、取引先に伝えましょう。引き継ぎがしっかりなされ、迷惑をかけないことを強調します。

　合わせて異動・転勤の日付、新しい赴任先と役職、お礼、新しい赴任先での抱負なども伝えます。意にそわない異動でも、すべてをしっかり伝えましょう。

▌メール文例

> いつもお世話になっております。
> ○○株式会社の山田です。
> 　突然ではございますが、○月○日付で転勤することになりました。取り急ぎご一報いたします。
> 　××様には在任中、一方ならぬご愛顧をいただきましたこと、心より感謝申し上げます。
> 　後任は○○が担当いたします。万全の引き継ぎをいたしますので、ご安心いただきたく存じます。また私同様、ご指導をいただければ幸いです。
> 　私は○月より○○支店に赴任いたします。営業部で学んだことを生かし、精進して参ります。
> 　本来ならばお伺いしてご挨拶すべきところですが、略儀ながらメールにてご挨拶申し上げます。

異動&転勤のあいさつを受けた場合

人事異動のあいさつを受けたら、連絡してくれたことへの感謝を伝えましょう。

手順 あいさつを受けたらすぐに返事を

　直接会って、または電話で、異動や転勤の報告を受けたら、わざわざ連絡してくれたことに対して、お礼の言葉を述べましょう。また栄転であれば、そのお祝いや、これまでお世話になったことへの感謝の気持ちも伝えます。

　メールで連絡がきたなら、メールで返礼するべきですが、すぐに電話するのもよいでしょう。ただし、望んだ異動でない場合もあるので、落ち着いた調子で、これまでの感謝を述べることを基本にしましょう。

言葉遣い お礼の言葉を中心に

　取引先担当者から異動・転勤のあいさつを受けたら、①連絡をもらったお礼、②在任中に世話になったことへのお礼、③今後の活躍の祈念を盛り込んで次のように返事をします。「ご丁寧なご挨拶をいただき、ありがとうございました。こちらこそ○○様には、たいへんお世話になり、心より御礼申し上げます。○○様が今後ますます活躍されることを祈念しております」。

　栄転の場合は、お祝いの言葉も加えましょう。

よくある失敗　転勤あいさつのメールに「栄転おめでとうございます」と返信したところ、じつは左遷とわかって、気まずくなる……。事情がわからない場合は、おめでとうは慎みましょう。

こんな場合 送別会がお餞別代わり

上司や同僚が異動になるとき、送別会を開くケースが多いようです。感謝の気持ちを、おたがいに伝えます。その際、有志でお金を出しあって、花束や小物などの贈り物をすることもよくあります。

古くは転勤に際し、部署一同で現金を集めて、お餞別として渡す習慣がありました。送別会はそれに代わるものです。会社によって、お餞別を渡す慣例があるなら、従いましょう。

▌あいさつ状へのお礼状

拝復　〇〇の候、△△様には、益々ご清栄のこととお慶び申し上げます。

このたびは、ご丁寧にご転勤の挨拶状をいただき、ありがとうございました。私が担当となって2年間、たいへんお世話になりました。今後ともご健康に留意され、益々のご活躍を心よりお祈り申し上げます。

まずは略儀ながら書中をもって、ご栄転のお祝いを申し上げます。
　　　　　　　　　　　　　　　　　　　　　　　　敬具

昇進のお祝い

お世話になっている人が昇進することがわかった
ら、お祝いの言葉（と品物）を贈りましょう。

心 得　社外の人の昇進は上司に相談する

　お世話になっている社外の人が昇進すると聞いたら、
勝手に判断をしないで、まず上司に報告し、お祝いのし
かたについて指示をあおぎます。花や品物を贈ったり、
接待の席をもうけたりするケースもあるようです。

　社内の同じ部署の人や、上司が昇進するときは、お祝
いの言葉をかけましょう。職場によっては、言葉だけで
なく、お祝いの宴会を催したり、有志から記念になるよ
うな品物を贈ったりすることもあります。

手 順　お祝いの贈り物は遅くとも2週間以内に

　お世話になっている社外の人へ贈るときは、会社名義
でその人個人へ贈ります。遅くとも2週間以内に。予算
は1〜2万円程度です。

　デスクやPCまわりで使う小物など、好みは先に聞い
ておきましょう。観葉植物や花束を届けるのもよいでし
ょう。社内有志からの贈り物はひとり千〜2千円×人数
分、または総額を人数で割った予算、品物でOKです。

よくある 失敗 マネージャーからリーダーは、昇格だと思ったら、降格だった……。横文字役職だけでなく、室長、参事、主査、調査役など、ランクがわかりにくい職位名には気をつけましょう。

言葉遣い 記念品は祝辞とともに贈る

社外の人に記念品を贈るときは、次のような祝辞とともに。「このたびは課長への御昇進、誠におめでとうございます。心よりお祝い申し上げます。○○様には、平素より厳しくも温かいご指導を頂戴しており、私どももこのたびのご一報を我がことのように、喜ばしく伺った次第です。誠にささやかなもので恐縮ですが、こちらは記念の品でございます。お使いいただければ幸いに存じます」。

お返し お返しをしないときはすぐに礼状を書く

慣例では、お返しはしなくてもよいことになっています。ただし、すぐに礼状を出し、感謝のひと言を伝えたほうがよいでしょう。電話やメールでもOKです。もちろん半返し（3分の1〜半分程度）でお返しをして、悪いことはありません。

取引先や、同じ部署の有志のグループあてであれば、みんなで分けやすい菓子類などがよいでしょう。

退職のあいさつ

辞めることになっても、最後のあいさつまできれい
に務め、よい印象を残したいものです。

手順　社外へのあいさつは上司と相談する

　退職日が決定し、公表の解禁日が決まったら、お世話
になった人にあいさつをします。社外の人へのあいさつ
をどうするかは、上司に相談を。最近は、お世話になっ
た社内や社外の人へ、メールであいさつすることが一般
的になりました。

　最終の出社日は、ハンカチなどの小さなギフトや、小
分けした焼き菓子などを手渡しながら、社内のお世話に
なった人に、あいさつして回ります。

言葉遣い　退職当日は笑顔で感謝を

「本日で退職いたします。長いあいだ（短いあいだでし
たが）本当にお世話になり、ありがとうございました」
とシンプルにまとめましょう。

　また、最終日のあいさつ回りも、前向きな気持ちで、
感謝の気持ちを伝えます。その場でスピーチを求められ
たら、上記に加え、その部署でのよい思い出、教えても
らったことを述べて、お礼でしめます。あいさつ回りを
しない場合は、最終日にメール送信でかまいません。

よくある失敗 BCCであいさつメールを一斉送信したつもりでしたが、「宛先」に自分のアドレスを入れ忘れたまま送信……。迷惑メールとして処理されて、読まれないこともあります。

こんな場合 退職のあいさつメールはさわやかに

メールで退職あいさつをする場合、退職日、退職理由（「一身上の都合」でも、書かなくても OK）、これまでのお礼、退職して迷惑をかけてしまうことへのおわび、相手の活躍を祈る言葉を記します。

退職後の業務に不安を感じている人に、退職後の連絡先を伝える場合もあります。文面は明るく、さわやかに。個別に送信するのが基本ですが、一斉にメールする場合は、BCCを使いましょう。

お返し メール返信は前途を祝福する

退職のあいさつをメールで受けたら、突然で驚いたこと、退職の決断を尊重する言葉、前途を祝福し、応援する言葉などを記して返信します。今後のことをしつこく聞くのはNGです。

退職の日、直接あいさつを受けたら、立ち上がり「こちらこそ、たいへんお世話になりました。お元気で」と返し、お辞儀をします。定年退職の場合は「長いあいだ、ありがとうございました」のひと言を忘れずに。

SNSでのつきあいとマナー

人間関係を構築するツールとして定着した各種
SNS。とくに写真公開には注意が必要です。

心得 個人SNSで、会社に損害がおよぶことも

SNSを個人で使うときに注意が必要なのが、勤務先を公開している場合。個人の発言でも、勤務している会社に迷惑がかかることがあります。実社会よりもネットの世界のほうが、拡散しやすいので危険です。

つながっている人の個人情報が漏れてしまうことも多くなりがちです。また、軽い気持ちで投稿したとしても、記録はいつまでも残ります。世界中の人に閲覧されるということを意識して使いましょう。

手順 上司からの友達申請はひとまず受ける

Facebookなどで、上司や取引先の人から友達申請が来たら、受けるのがよいでしょう。「ネット上は別人格」という人もいますが、実名が原則のFacebookでは、実社会と無関係ではいられません。

友達申請を無視すると角が立つので、承認しておくべきです。ただし、勤務先を公開しておらず「趣味限定で使っている」など、明確なポリシーがあるなら、丁寧に説明をして断わってもかまいません。

よくある失敗

「昨日の午後、○○市に行くって言っていたのに、××区にいただろ！」サボっていたのが、上司にバレました。昼食の写真をSNSにアップしたとき、"投稿場所"が入っていたのです。

こんな場合 他人の情報を勝手に公開しない

　仕事の集まりなどで撮影した写真を、勝手に公開するのはNG。本人の許可が必要です。許可なく投稿すると、相手を不快にするだけでなく、状況によってはプライバシーや肖像権の侵害を問われます。公開するのは、写っている人のOKが出た場合のみと考えます。

　また、「○○さんがこんなことを言っていた（していた）」など、他人の情報を勝手に投稿してもダメ。自分のことだけを発信するのが原則です。

注意事項 仕事の連絡は会社のメールに

　SNSのメッセージ機能を仕事で使う人が増えていますが、会社で認められていないかぎりはNGです。SNSは個人の責任で利用するサービスであり、仕事の通信手段として公式なものではありません。郵便、電話、FAX、メールといった通信手段とは異なります。

　まず勤務時間中にSNSを使ってよいか考えましょう。ほとんどのSNSは、遊びの要素が強いもの。投稿へのリアクションやゲームなど誘惑が多く、仕事の邪魔です。

会食のマナー（日本料理）

箕使いにはじまり、箸使いに終わると言われる和食
のマナー。忌み箸に注意しましょう。

心得 味だけでなく、見た目の美しさを味わう

　和食は、食事の味だけでなく、庭の景色、かけ軸、器
や盛りつけなど、目で見て楽しめるのも魅力です。その
雰囲気を壊さないよう、箸使いも、ふるまいも美しくで
きるようにしておきましょう。

　箸の上げ下ろしはかならず両手で行ないます。箸を持
たない左手の位置や動きも意識しましょう。なお、和室
の席次は110ページで説明した会議室と同様に、部屋の
構造によって異なります。

▍箸の上げ下ろし

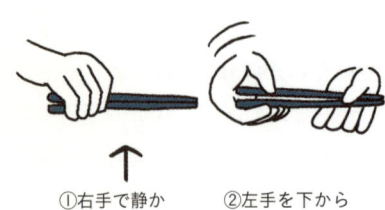

①右手で静か
　に持ち上げ
　ます。

②左手を下から
　そえて右手で
　持ちます。

③人さし指と中指で挟
　み、上の1本だけを
　動かします。

よくある失敗　割り箸を口にくわえてパチンと割り、シャッシャッとこすってササクレを取るのは、もちろんNG。割り箸は両手で持ち、ひざ元で水平に開きます。ササクレは指で取りましょう。

注意事項① やってはいけない「忌み箸」

　ついやってしまいがちなマナー違反「忌み箸」をいくつか紹介します。

呼び方	何をする
迷い箸	どれを食べようかと迷いながら箸先を動かす
刺し箸	箸で料理をフォークのように突き刺す
涙箸	箸先から汁をたらす
寄せ箸	箸先で器を引き寄せたり押しやったりする
渡し箸	箸を器の上に渡して置く
もぎ箸	箸についた米粒などを口でもぎ取る
押し込み箸	ほおばった料理を箸で押し込む

注意事項② 吸い物などのふたの取扱いに注意

　吸い物などのふたを開けたあとの置き方に迷うことがよくあります。料理全体から見て吸い物が右にあるならふたは右横に、左なら左横に裏返しにして置きましょう。このふたは、大皿の料理を取るときに取り皿として使ってもかまいません。

　また、食べ終わったあとふたを裏向きにのせる人がいますが、高価な漆の器を傷つける恐れがあるので、絶対にやってはいけません。

会食のマナー（西洋料理）

優雅に、ゆとりをもって食べたい西洋料理。食べる
前から注意すべきことがたくさんあります。

中座する際ナプキンは軽くたたむ

　食事中はナイフの刃を内側に向け、フォークは伏せて
「ハ」の字に置き、終わったら斜めの「ニ」になるよう
に置きます（フォークは伏せない）。

　ナプキンは、目上の人がひざに広げてから広げます。
ふたつ折りにして、折り目が手前にくるようにしましょ
う。口や指の汚れをぬぐう場合は、見えない内側を使っ
てぬぐうようにします。中座するときはナプキンを軽く
たたみ、椅子の上に置きましょう。

ナイフとフォークの置き方

● 食事中

● 食事済

よくある失敗　退席するとき、ナプキンを丁寧にたたんでいくと、スタッフから「お気にめしませんでしたでしょうか」と聞かれました。これは"料理が気に入らなかった"のサイン。軽くたたみましょう。

注意事項① ナイフやフォークを落としても拾わない

　食べるときに音を立てないなど、常識的なルールは知っていても、お店のスタッフとのやりとりがわからない人がいます。最低限のルールを紹介します。

①飲み物を注いでもらうときは、グラスを持たない。

②ナイフやフォークを落としたら、自分で拾わずにスタッフを呼ぶ。

③何かあって呼びたいときは手を挙げ、声を出さない。

　この3つを覚えておいて損はありません。

注意事項② 乾杯するときにグラスを合わせない

　よくやってしまいますが、乾杯するときにシャンパングラスやワイングラスをカチンと合わせるのは、本来NG。持ち上げるだけで十分です。

　また、皿を動かさないこともマナーです。茶碗などを持って食べるのは日本料理の作法。西洋のコース料理では、持ち手のついたスープカップ以外は、基本的に持ち上げません。グラスに飲み物をついでもらうときも、テーブルに置いたままにしましょう。

会食のマナー（中華料理）

和食、洋食とくらべてあまりかた苦しい決まりのない中華料理。にぎやかに楽しみましょう。

手 順　回転卓は時計回りで

なごやかに回転卓を囲むのが、中華料理の基本。食事と会話を同時に楽しめますが、いくつか大切なマナーがあります。

もっとも重要なのが、大皿料理をはじめに取るのは、目上の人です。立場が下の人間が全員分を取り分けようとしがちですが、やってはいけません。そのあと、回転卓を時計回りに回し、自分で取っていくのがルール。全員にいきわたるよう少なめに取って回します。また、回転卓は時計回りの一方通行と決めておきましょう。

中華料理の席次

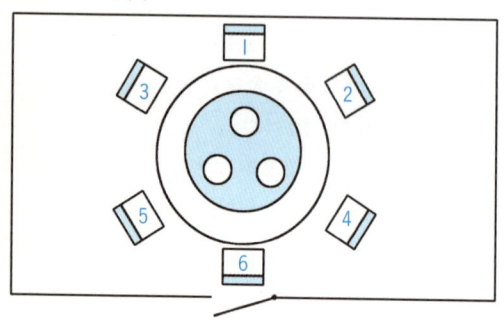

出入口から遠い席が上座となります。

よくある失敗 上海で働いていたから、本場のマナーもバッチリ……。のつもりで上海ガニのカラをテーブルの下に捨てていたら、係員が飛んできました。本場のマナーでも、日本では通用しないことがあります。

注意事項 立ち上がって料理を取らない

回転卓では、料理を取るのに立ち上がらないように。回転させて、自分の前で取りましょう。なお、自分で取った料理は、残さずに食べましょう。取り皿は、遠慮なく交換してかまいません。格式の高い中華料理店では、麺をすすらないルールもあります。れんげに受けてから口に運びましょう。

なお、中国茶のポットが空になったら、フタをずらしておけば、差し湯をしてもらえます。

▍回転卓の使い方

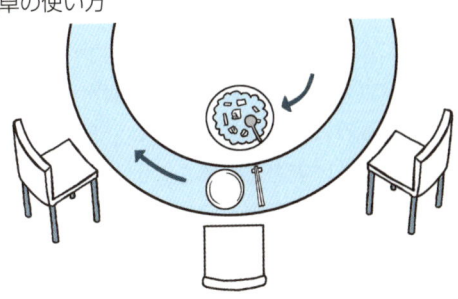

回転卓は原則として時計回り。食事中は箸を縦に置きます。お皿や小鉢は、料理を取り分けるときも、食べるときも持ち上げません。

接待のマナー

取引先や顧客と良好な人間関係をつくれるよう、思いやりと謙虚な心でもてなしましょう。

心 得　お迎えからお見送りまで気を抜かない

　接待では、つねに謙虚に、相手を思いやる気持ちが大事です。最後にお土産を渡し、見送りが終わるまで、気を抜かないようにしましょう。

　当日は、相手よりも早く着いてお店と会計の方法やタイミング、お土産の保管について打ち合わせをしたうえで、お店の前でお迎えします。食事中は、お酒が空になっていないか、食事は足りているかなど、相手が満足しているかに注意しましょう。

手 順　お店は下見をしておきたい

　まずは和食・洋食・お肉料理など、相手の好みを知りましょう。お店を選ぶときは、静かな個室のあるところや、相手が帰るのに便利な場所がよいでしょう。お店を決めたら、できれば実際に食事をして、スタッフの動きや音などを事前にチェックしておくと安心です。帰り際にお土産を用意すれば、より丁寧でしょう。

　二次会が必要かどうかは、上司に相談します。お金の精算についても事前に確認をしておきましょう。

 **よくある失敗** 大事な顧客に食事で満足してもらい、二次会も想定外の盛り上がり。と、思ったら会計でお金が足りず、上司に借りることに……。カード払いができるお店を選びましょう。

言葉遣い 聞き役として会話を盛り上げる

聞き上手、質問上手になることが接待の成功の秘訣です。"テキドニセイリ"（テレビ・気候・道楽（趣味）・ニュース・世代・いなか（故郷）・旅行の頭文字をとったもの）と覚えておいて、会話がとぎれたら、さりげなく、どれか質問をしましょう。

この場合は、自分からかんたんに話をして、「○○さんはいかがですか？」などと聞くほうが、会話がスムーズに運びます。

こんな場合 二次会は上司の判断をあおいで

「次をどうするか」については、臨機応変な対応が求められます。そもそも自分が出席するべきかどうかまで、上司に判断をあおぎましょう。二次会は上役どうしでじっくり話すというパターンもありえます。

また、二次会への誘いは、無理強いにならないように。設定する場合は、本会の終了前に目立たないように予約します。スムーズな移動ができるよう配慮し、二次会だからと気を抜かず、緊張感を保って対応しましょう。

パーティー主催時のマナー

感謝の気持ちを、パーティー開催で表現しましょう。
もてなしの心が大事です。

心得　ゲストに感謝の気持ちを伝える

　主催者だけが満足するパーティーは、評判を落とすことになりかねません。招待状の準備から、当日のお見送りまで、ゲストをもてなし、困らせない、恥をかかせないという点に注意を払いましょう。そのためには、つねにゲストの視点に立って、シミュレーションすることが大切です。

　主役は自分たちではないことを強く意識して、時間の配分や席次などに細心の注意を払いましょう。

言葉遣い　強い表現でご祝儀を断わる

　ご祝儀を断わるときは「ご祝儀は固くご辞退申し上げます」と、招待状に明記してかまいません。明記した以上、受け取ってはいけません。「お気持ちだけいただきます」とお礼し、上司にも伝え、お礼をしてもらいます。

　受付係には、混雑してもあわてないよう伝え、すべての出席者に「本日はお忙しいなか、お運びいただき、誠にありがとうございます」のひと言を告げるよう、徹底しておきましょう。

手　順　平服での来場を明記する

招待状には、ご祝儀が必要ないことと、平服で来てほしいことを必ず明記しましょう。手土産は必ず用意します。早めに会場を出る人のことを考えて、その場合にどこで、だれが渡すかをきちんと決めておきます。

また、受付がスムーズにできるよう出席者リストを作り、現場で人の流れを確認しておきます。開会中は、ゲストがひとりにならないよう気配りをして、全員に声をかけるつもりでのぞみましょう。

こんな場合　会場によっては案内の張り紙を用意

集合オフィスビルや自社ビルのホールなど、宴会場以外に会場を設営する場合があります。かならず事前にゲストの動線をシミュレーションしましょう。

エレベーター、会場までの順路、トイレや喫煙所、帰りの順路やタクシー乗り場など、場所がわかりにくいようであれば、案内の張り紙を準備します。出入りの際、エレベーター前が混雑するようであれば、誘導係を配置しましょう。

パーティー参加のマナー

ご祝儀が必要かどうかをまず確認。当日は祝辞と招待へのお礼を述べ、参加者と交流しましょう。

心得　話す：食べる＝7：3が上品

　食べることはひとまずおいて、できるだけ多くの人と面識をもつことを心がけましょう。立食パーティーは、上品なふるまいで、好印象をもってもらう機会。顔見知りがいないからと、ガツガツ食べ続けるのはNGです。主催者にはしっかり見られています。

　そもそも、パーティーのメインは交流です。食事はそこそこに、積極的にあいさつと名刺交換をしましょう。

手順　お祝いとお礼を述べるのが最優先

　受付では、必ずお祝いとお礼を述べます。入場したら、まずホストの担当者をさがし、あいさつをしましょう。チャンスがあれば、ホストの代表者にもあいさつしておきましょう。その際、ホスト担当者に「ごあいさつをしたい」と伝えておくと、スムーズです。代表者にはお祝いの言葉、招いてくれたお礼を、明るくはっきりと伝えましょう。

　直接の接点のない、上司や役員が同行している場合には、紹介します。ここまでは絶対に必要な"仕事"です。

よくある失敗　いろいろな人にあいさつをしていたら、まさかの名刺切れ。あいさつすべき人に「すみません。名刺を切らしてしまい……」とおわびすることに。できるだけたくさん持っていきましょう。

言葉遣い 交流は「はじめまして」のあいさつから

「はじめまして。お食事中、恐れ入ります。私はA株式会社の○○と申します。株式会社B社の××さま、お名刺頂戴できますか？」と、自己紹介して積極的に話しかけましょう。

慣れない場合は、ひとりになっている人に声をかけていきましょう。一人ひとりと深い会話をする必要は、ありません。会話が途切れたら「今後ともよろしくお願いいたします」と切り上げます。

金額 担当者1名につき1万円が相場

祝賀パーティーの招待状をもらったら、すぐに上司に相談を。お祝いは早めに贈るのが礼儀です。ホストの担当者に連絡し、招待へのお礼とお祝いを贈りたい旨を伝えましょう。「ご祝儀お断わり」と記載があれば不要です。

ご祝儀の相場は、ホテルの立食パーティーに担当者が1名出席するなら1万円。ただし上司が同行するなら万の位が奇数になるようにします。事前に持参して渡すのがスマートですが、会場で渡してもかまいません。

社内宴会のマナー

楽しいお酒の席をシラケさせないふるまいを。どんなに酔っても上下関係をわきまえて。

心 得　社内の宴会は仕事の延長と考える

　親睦を深めたり、仕事のモチベーションを高めたりするための社内宴会。純粋に楽しむため「だけ」ではありません。歓迎会、送別会、忘年会など、まずは会の趣旨を忘れずに。たとえ「主役」が自分でも、目上の人が参加する場合は、落ち着いた態度でのぞみましょう。

　また、自分はもちろん、だれかが理性を失うほど酔ってしまえば、連帯感も何もありません。仕事の延長のつもりで参加するのがマナーです。

手 順　幹事へのお礼を忘れずに

　自分を制御できないほど飲みすぎるのは、最大のルール違反。自分の体調をふまえ、セーブして早めにソフトドリンクに切りかえましょう。

　また、リラックスした会話を大きく踏み越えて、上下関係をわきまえないふるまいをするのもNG。グチや悪口は絶対に言ってはいけません。

　忘れがちなのが、お開きになったあとの幹事へのお礼とねぎらいです。ひと言お礼を伝えてから帰りましょう。

よくある失敗 「仕事の延長」を意識しすぎて、まったく楽しめないという人が多数います。職場であまり接点のない人と交流する機会ととらえれば、楽しみを見つけられるかもしれません。

言葉遣い 飲んでも飲まなくても心配りを

飲み物が空になっていたら「いかがですか」と声をかけ、お酌します。「手酌でやります」と言われても、一度は声をかけるのがマナーです。

飲めない人も、乾杯のときは口をつけましょう。その後はソフトドリンクに切りかえます。お酒をすすめられたら「飲めません」と拒絶するのではなく、「ありがとうございます」とお礼をしてから「すみません、お酒に弱くて。でもウーロン茶で酔えるんですよ」など、なごやかな対応を心がけましょう。

ビールのつぎ方とつがれ方

● 日本酒
（とっくり）

● ビールなど
（ビン）

昼食や休憩のマナー

1日の中で、ほっと一息つけるのが昼休み。最低限
のマナーを守り、ゆっくり休みましょう。

心得 休み時間は仕事をしない・させない

　昼休みの目的は、空腹を満たすのはもちろん、1日の
中間で、身体や頭をリフレッシュさせることです。他人
の休憩時間を邪魔しないよう注意しましょう。オンとオ
フのけじめをつけ、スパッと切りかえましょう。

　15時などに休憩時間がある場合も同様。外気にあた
るか、飲み物をとるなどして小休止が必要です。休憩時
間を尊重するのはどの会社も同じ。昼休みの時間を把握
して、連絡を控えるなどの配慮をしましょう。

注意事項① 休憩時間こそ時間厳守で

　昼食をとる場所、休憩する場所、席をはずしてよい時
刻と戻らなければならない時刻などの決まりごとがあり
ます。先輩に確認して、守りましょう。とくに時間にルー
ズにならず、けじめのある行動が大切です。戻り時間
に遅れる場合は、連絡をしましょう。

　なお、休憩時間だからといって、えらそうに足を組ん
だり、ため息をついたりと、社内の雰囲気を壊すような
姿勢をとらないよう気をつけましょう。

よくある失敗 弁当を買ってきてオフィスで食べたら、予想以上ににおいが強く、周囲に迷惑をかけることがあります。オフィスで昼食をとる場合は、においのないものを選びましょう。

注意事項② 昼休みや休憩中も会社の一員

昼休みのあいだに銀行へ行ったり、プライベートな連絡をとったりすることがあります。このとき注意したいのは、外に出ても会社の一員であり、気を抜かないということです。

とくに、行列にならんでイライラした態度を見せたり、大声で電話をしていたりすると目立ちます。「あの人は、どこの会社の人だろう」と、周囲から気にされるような行動は慎みましょう。

こんな場合 昼寝は人目につかない場所で

リフレッシュするための昼寝はOK。会社によっては昼寝を奨励し、そのスペースを用意していることもあります。

昼寝が許されていても、どこででも寝ていいわけではありません。社内で昼寝することが禁止されている場合は、外に出て喫茶店に入るなど、できるだけ人目につかない場所を選びましょう。携帯電話のアラームをセットするのを忘れないようにしましょう。

喫煙のマナー

たばこは、喫煙場所、休憩、においなどマナー違反
の原因になりがち。自覚してケアしましょう。

心得　喫煙はできるだけ控える

　職場での喫煙は規定に従います。席を外してたばこを
吸いに出るときは、まわりの人にひと言伝えましょう。

　無断で離席したり、社外で喫煙したりするのはルール
違反です。非喫煙者より余分に休憩しているという自覚
をもち、席をあける回数や時間が増えないよう気をつか
いましょう。

　また、初対面の人と会う前は喫煙を控えましょう。吸
わない人は、においにすぐに気がつきます。

言葉遣い　吸わない人への配慮を

　勤務中の喫煙は、「5分ほど喫煙所に行ってきます」
と断わってから。戻るときは、「戻りました」とあいさ
つし、吸わない人に「失礼しました」とひと言おわびを
するとなおよいでしょう。

　また、社内の喫煙ルームなどで、上司や同僚と出会う
ことがあります。勤務時間中なら、「お疲れ様です」と
ひと言つげて、あとは長話にならないように気をつけま
しょう。

よくある失敗 喫煙者の顧客と打ち合わせのため、喫茶店の喫煙席で待機。到着した顧客が「タバコ、やめたんだ……」。喫煙席をとる場合は、先に確認をしましょう。

注意事項 においへのケアをしましょう

営業、販売などの話をする仕事なら、人に会う直前ににおい対策をしましょう。口臭対策は必須です。毎回、歯をみがくわけにはいきませんので、口臭消しのすすぎ液が有効です。

また、最近は社内外で喫煙専用のスペースが設けられていますが、ここに滞在すると、スーツや髪ににおいがつきます。喫煙する人は、携帯用の消臭スプレーをかならず持ち歩くようにしましょう。

こんな場合 外出先では禁煙席が基本

社外でも、勤務中は原則的に禁煙と考えましょう。移動の新幹線は禁煙シートで。商談や打ち合わせで喫茶店を使うときは、禁煙席を選びましょう。

喫煙が可能な場所でも、自分から吸うのではなく、「吸う相手にすすめられてから」がマナー。歩きたばこや吸い殻のポイ捨ては言語道断です。路上喫煙が禁止されている場所が増えているので、外では吸わないと考えておきましょう。

お見舞いのマナー

早期の回復を願うのが、お見舞いの意義。言葉遣い
にも、細心の注意が必要です。

手順 面会できるかを病院に確認する

「お見舞いしたい」という気持ちがあれば、遠慮せずに
お見舞いに行きましょう。おつきあいの程度などを気に
する必要はありません。

　ただし、本人が希望しない場合や病状によっては、面
会できないこともあります。事前に病院に連絡し、面会
できるかどうかや都合のよい時間帯を確認しましょう。

　なお、面会時間は15分、長くても30分が目安です。
話しこんで長くならないように気をつけましょう。

言葉遣い 最初のひと言はさりげなく

「気分はどうですか」「もう落ち着かれましたか」など、
最初にさりげなく気づかうひと言をかけましょう。だれ
でもケガをしたり病気になったりすると気弱になり、健
康なときよりもずっとデリケートになります。

「やっぱり顔色が悪いね」などと、よくない第一印象を
伝えたり、病状をしつこく聞いたり、病気の知識をひけ
らかしたりするのは、絶対にNGです。不用意なひと言
に注意しましょう。

 **よくある失敗** お見舞いに花束を持っていったのに、病室への持ち込みが禁止でした……。花束は、昔はお見舞いの定番でした。しかし、最近は生花の持ち込みを禁止する病院が増えています。

言葉遣い 「こっちは心配ない」は気落ちさせる

　入院している人には「仕事のことは忘れて、治療に専念してください」と、言葉をかけましょう。休んで申し訳ないという気持ちが、少しやわらぐことでしょう。

　ただし、「仕事は問題ありませんので、ご心配なく」という言い方は、考えものです。自分がいなくてもいいのか……と、かえって気落ちさせることになりかねません。病気（ケガ）が治ったら、また一緒にがんばりましょう、という気持ちを伝えることが重要です。

金 額 同僚・上司なら5千円

　持参する品選びは慎重に。よかれと思ったものが、病状や心境によっては、余計に落ちこませてしまうことも。とはいえ、現金では恐縮してしまう人もいるので、商品券でもよいでしょう。百貨店、信販会社のものや、最近ではネット通販会社のギフト券なども喜ばれます。相場は、同僚や上司の場合で5千円です。

　お返しは、半額程度の洗剤や食品など。退院後すみやかに、「内祝」「快気内祝」ののしをつけます。

社員旅行のマナー

楽しい時間を一緒にすごし、ふだんあまり交流のない社員ともうち解けられるように。

心得 ほどほどに楽しむ努力を

社員旅行は、連帯感を生み社内の団結力につながります。社員の慰労を目的としている場合がほとんどなので、理由がない限りは参加するのが無難です。

移動、観光、アクティビティ、入浴、宴会……。いつも以上に長い時間、上司や同僚と「衣食住」をともにするため、気をつかうのはまちがいありません。あくまでも成長の機会だと覚悟を決めて、ほどほどに楽しみましょう。

服装 行き先、目的に合わせたファッションで

服装は、動きやすく上品なカジュアルで。ジーンズは避けたほうがよいでしょう。男性の上着は、カジュアルシャツ、ポロシャツなど衿のあるもので、夏以外はジャケットを羽織ります。履き物は、ドライビングシューズや汚れのないスニーカーがよいでしょう。

真夏でも短パンやサンダルはNGです。柄ものの服も避けたほうがよいでしょう。女性は、高いヒールやサンダル、派手なアクセサリーを避けましょう。

よくある失敗 　宴会場で盛り上がっていたら、別の団体客から「うるさい」とクレームが……。会場の外の様子を見ながら、気になる場合は幹事にひと言伝えましょう。

注意事項 周囲への配慮と正しいふるまいを

旅行を楽しむのは大いにけっこうですが、自分たち以外に迷惑をかけてはいけません。つねに一歩引いた視点で、周囲への配慮を心がけます。「○○社御一行様」という案内板にあるように、会社の名前が出ることを忘れずに。

とくに旅館の朝食会場や、浴場、トイレ、列車や飛行機など、ほかの観光客がいるところで貸し切りのようにふるまうのはやめましょう。

こんな場合 宴会はほどほどにすごす

旅先での宴会は、疲れや気のゆるみが出てしまいがちなので、通常の宴会よりも警戒します。幹事を手助けする、あいさつや乾杯はきちんと声を出すなど、集団行動の和を見出さないよう、ほどほどにすごしましょう。

貸し切りの宴会場、宴会芸にカラオケ……。内容は会社によってさまざまですが、「盛り上がりすぎ」てしまう傾向があるようです。疲れが出ないよう、はやめの就寝を心がけましょう。

お中元・お歳暮のマナー

季節の贈り物は、会社のお金で会社名義で出すもの。
自分勝手な判断は禁物です。

時　期　規約に従って、タイムリーに贈る

　贈る相手、品物の金額など、社内慣習や規約に従いましょう。贈答品を受け取ってはならないという会社もあるので、事前に確認を。お中元は、7月はじめ〜15日（関西〜九州は8月1日〜8月15日までが一般的）、お歳暮は12月上旬〜20日ごろに届くように手配します。

　分けて持ち帰りやすい、季節感のある品物を選びましょう。お中元は清涼飲料水やフルーツゼリー、お歳暮は個別包装のクッキーやせんべいなどが定番です。

言葉遣い　送り状でさらに好印象を

　品物を送る際は送り状をそえて、気持ちを伝えます。はがきや手紙など、手書きで感謝の言葉をそえて、丁寧な印象を与えましょう。なお、差出人名義は会社名です。個人名にならないよう確認が必要です。

　あいさつ文には、時候のあいさつと日ごろのお礼の言葉に続き、「心ばかりですが季節のごあいさつまでに、○○をお送り申し上げました。ご笑納いただければ幸いです」。ダラダラと長い文章にならないように注意。

よくある失敗 お中元を手配中、顧客リストに漏れを発見し、新たに加えて贈る。すると相手から「以前にも申したのですが、弊社は規程でお受けできませんので……」。上司にかならず確認を！

こんな場合 お中元やお歳暮はやめないのが基本

お中元・お歳暮は、受けたご恩を、盆暮れごとに思い出し、一生忘れることはありません、という気持ちで贈るもの。ひとたびはじめたら、欠かさずに続けるのが通例です。人事異動などでつきあいがなくなっても、上司と相談するなどして、数年間は様子を見ます。

すぐやめると、見返りが目的だったと受け取られますので、失礼にあたります。

ただし、断わられた場合はすぐにストップしましょう。

お返し お礼状を出す

お中元・お歳暮にお返しは不要ですが、配達されたらすぐに電話をしてお礼を述べます。さらに、礼状を出して、気持ちを伝えましょう。内容は、時候のあいさつ、日ごろのお礼の言葉に続いて、「さて、このたびは、ご丁寧なごあいさつと結構なお品を頂戴し恐縮しております。誠にありがたく存じます」のように用件を簡潔に。「皆でおいしく頂きました」とそえるのもよいでしょう。この場合も、差出人は会社名義にします。

結婚のお祝い

おめでたい話は、聞いたらすぐに祝福を。言葉とともに、お祝いを贈りましょう。

手順 結婚式の1週間前までに贈るのがベスト

ご祝儀は、もともと先に贈るものでしたが、最近では、披露宴の受付で渡すのが主流になっています。ただし、式に招待されるかどうかはわかりません。

同僚の結婚が決まったら、現金か品物を贈ります。遅くとも結婚式の1週間前までに贈りましょう。本来は家まで届けるものですが、職場で手渡してもかまいません。

現金を包む際は、新札を用意し、のしのついた祝儀袋に入れます。

金額 披露宴に参加するなら2、3万円

披露宴に招待された場合、同僚なら2万円か3万円です。相手が部下なら3万円、取引先も3万円がご祝儀の相場です。披露宴に出席しない（行なわない）が、親しくしているので贈りたい場合は、1万円がよいでしょう。グループ有志なら、合計で1万円以上になるようにします。

会費制パーティーに参加する場合は、受付で財布からお札を出して支払えばOKです。ただし、別にお祝いを贈りたいなら、パーティーの1週間前までに届くように。

よくある失敗 新しい家庭を築く新郎新婦への結婚のお祝いに、有名ブランドの包丁4点セットを……。「切る」を連想させる刃物や、数字の4や9のつくものはNGです。

言葉遣い 受付では明るくフォーマルなあいさつを

披露宴の受付では、まず「本日はおめでとうございます」と一礼します。続いて「新郎同僚の○○と申します」と名乗り、「お招きいただき、ありがとうございます」とお礼を言います。

お祝いを渡していない場合には、ふくさから祝儀袋を取り出して、たたんだふくさの上にご祝儀を置き、「こちらお祝いの気持ちです」と言って両手で祝儀袋を渡します。そのあと記名したら一礼しましょう。

結婚祝いの祝儀袋の形式

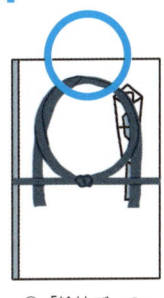

○「輪結び」の
祝儀袋。

○「あわじ結び」
でもOK。

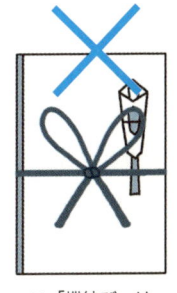

×「蝶結び」は
NGです。

結婚祝いの返礼

お祝いしてくれた人に、感謝の気持ちを返します。
お返し漏れがないよう、注意が必要です。

心得　お祝いの記録をキッチリ管理

　結婚祝いへの内祝は、新しい所帯で行なう、人づきあいの第一歩。今後の人づきあいの基礎ですので、おろそかにしてはいけません。いただいたお祝いへのお返しができているかどうか、記録をつけて管理します。

　また、してもらったことは、こちらからも同じようにする、「おたがい様」が人づきあいの原則です。ご祝儀をだれからいくらもらったか、だれから祝電をもらったかなどを忘れないようにしましょう。

手順　1カ月以内に内祝を

　ご祝儀への返礼は、「結婚内祝」です。披露宴にきてもらった人へは、その場で引き出物として渡します。そうでない人には、できるだけ早く、結婚から1カ月以内をめどに贈ります。手書きのメッセージカードをそえ、お礼の言葉を伝えましょう。

　また、職場でご祝儀をもらった場合は、同じように職場で渡しても失礼ではありません。祝電に対しても、お礼状を出すのがマナーです。

よくある失敗 新婚旅行から戻ったらやるつもりだったのだけど、忙しくてついお返しを忘れてしまい……。新婚旅行に行く前にお返しを準備するのは、最低限のマナーです。

こんな場合 過分なお祝いにはお返しを

結婚披露宴でもらったお祝いのお返しは、当日のおもてなしと引き出物です。昔はお祝いとは事前に贈り、引き出物はその金額に応じてお返しするものでした。現代では披露宴にお祝いを持参し、用意した内祝を返礼に渡すようになりました。

もし、お祝いの金額が多すぎると思ったら、内祝としてお返しをしてもかまいません。この記録はきちんと残しておきましょう。

金 額 もらった額の3分の1〜半分程度

お返しは、慣例にのっとれば「半返し」です。ただし、厳密ではなく、もらった額の3分の1〜半分であれば問題ありません。品物は日用品や食品、酒類、調味料などが定番です。カタログギフトにする手もあります。

グループへのお返しであれば、分けるのに困らないようなものを選びましょう。新婚旅行の行き先で調達するのもよいアイディアです。送る場合にメッセージカードをそえられないときは、手紙を別便で出しましょう。

出産祝いのマナー

育児という大仕事をするママとパパを応援する気持
ちを、お祝いとともに伝えましょう。

手順 誕生後2週間を目安に贈る

時期は、生まれてから7日以上すぎてから、30日目ま
でには届くように贈ります。誕生して2週間ごろを目安
にします。どこに届けるか、何がほしいかをメールで聞
いてもかまいません。職場の仲間なら、有志グループや
部署一同という名義で贈ってもよいでしょう。

品物を贈るときは、蝶結びの水引があるのし紙に「ご
出産御祝」「御祝」などと表書きします。もし、贈りそ
びれたときは、1歳の誕生日に贈るなどしましょう。

注意事項 自宅へ直接届けるのは遠慮する

赤ちゃんを見たい気持ちはわかりますが、自宅を訪ね
て出産祝いを届けるのは、基本的に遠慮しましょう。新
生児を育てている夫婦は、赤ちゃんに癒やされるばかり
ではありません。毎日とても忙しくすごしていて、つね
に神経が休まりません。少なくとも生後1カ月が経過す
るまでは、近親者以外がたずねるべきではありません。

とくに仲のよい同僚で、訪問して手渡しする場合は、
1カ月以上たってからにしましょう。

よくある失敗 予定日を聞いていたのではやめに手配したら、うっかり生まれる前に届いてしまった……。誕生前に送るのはタブー。出産がぶじ終わったことを確認し、7日すぎてからにしましょう。

金額 5千円程度の品物を

親しい同僚なら5千円が相場。グループの場合は、合計額で5千円〜1万5千円ほど。内祝の負担を考え、あまり高額にならないようにします。贈り物は品物が一般的。使えるものを贈るのが何よりなので、リクエストを聞きましょう。聞けない場合は、あって困らないタオル類やブランドもののベビー服などがよいでしょう。

取引先の人への出産祝いは、5千円ほどの商品券やカタログギフトという選択もよいでしょう。

お返し 出産内祝は半返しで

お祝いをもらったら、まず電話などでお礼を言います。お返しはいただいてから3週間〜1カ月を目安に送りましょう。金額は3分の1〜半分ほど。のし紙に「内祝」の表書きをし、子どもの名前を記します。お礼のメッセージカードをそえましょう。電話やメールで送ることを連絡したり、送り状を出したりすると、より丁寧です。

品物は焼き菓子や調味料など日持ちのする食品や飲料、タオルなどの実用品が喜ばれます。

弔事のマナー

突然の訃報は心が乱れるものです。落ち着いて、気持ちを込めて哀悼の言葉を述べましょう。

手順 通夜ぶるまいは辞退せず、長居せず

仕事関係者なら、通夜か葬儀のどちらかに、日ごろから故人や遺族と親しければ、両方に出席しましょう。

仏式の通夜では、受付でお悔やみを述べ、記帳し、香典を渡します。焼香は心を込めて行ないましょう。

通夜ぶるまいをすすめられたら、少しでも箸をつけ、お酒に口をつけます。長居はせず、長くても1時間くらいで引き上げましょう。お酒を飲んでも厳粛なふるまいを忘れずに。

服装 通夜はダークスーツでOK

葬儀・告別式には喪服を着用します。男性は略礼服とも呼ばれるブラックスーツが基本。黒無地のネクタイを締めます。女性は黒のフォーマルドレスで、華美なアクセサリーはNG。ストッキングは黒を着用します。

最近は、お通夜も喪服で参列するのが主流ですが、喪服でなくてもよいとされています。ただ、急な知らせだった場合を除き、男性は最低でも濃い色のスーツに黒ネクタイで。女性は夏でも肌の露出の少ない服装を。

よくある失敗 取引先の担当者の上司が急に亡くなったので急ぎ弔問。お悔やみを述べたあと、担当者に「何があったんですか？」とたずねたら、かなり困惑されました。死因を聞くのはタブーなんですね……。

金 額 職場関係、取引先関係とも５千円

　仕事関係の香典の相場は５千円です。通夜・葬儀両方に出る場合は、通夜の受付で出しましょう。

　宗教に合った不祝儀袋に香典を用意し、ふくさに包んで持参します。最近は斎場で式が行なわれることが増え、宗教がわからないこともあります。そんなときは無地に黒白の水引で、表書きが「御霊前（ごれいぜん）」のものを使うとよいでしょう。正式ではありませんが、すべての宗教・宗派で使用可能とされています。

▌不祝儀袋の書き方

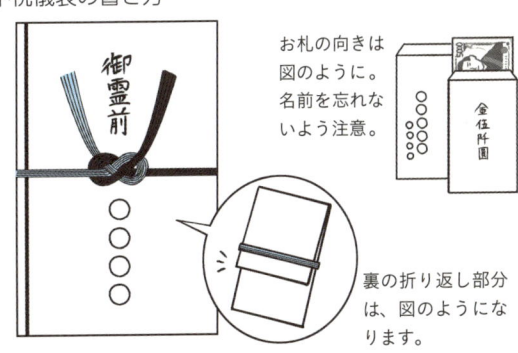

お札の向きは図のように。名前を忘れないよう注意。

裏の折り返し部分は、図のようになります。

弔事の返礼

故人の供養の儀式がぶじに終わったことを報告し、
弔意に感謝しながら返礼します。

手　順 香典のお返しが葬儀ですんでいる場合も

　香典を受け取った上司や同僚には、香典返しをします。勤務先や取引先の総務部などから、規定に従って出ている香典については、お返しは不要とされています。

　香典返しの時期は、仏式は四十九日の忌明け、神式は五十日祭明け、キリスト教は1カ月後ころです。葬儀の際に、当日返礼品（当日返し）を贈った場合、返礼は不要です。ただ、金額が半返しの範囲を超え、お返しが不十分な人には、このタイミングで香典返しをします。

言葉遣い 香典返しを渡すときはあいさつを

　お返しを手渡す際は、「このたびは私事でご迷惑をおかけし、申し訳ございませんでした。また、お気づかいをいただきまして、誠にありがとうございました。おかげ様で法要も無事に終わりました。こちらはほんの感謝の気持ちです。お納めください」と、謝辞を述べます。

　送るときは、あいさつ状をそえます。今回のお礼、各宗教の教えに従って、ぶじに供養がすんだことなどを伝え、仏式の場合は、戒名も盛り込みます。

よくある失敗　香典返しは当日すんでいると思い込んでいた。しかし、ハンカチと塩を渡しただけ……。忘れたころに渡すのは失礼ですが、この場合はおわびの言葉をそえて渡しましょう。

こんな場合　不祝儀の行ったり来たりはNG

　香典返しが届いたら、電話で「ご供養の品、恐れ入ります」と届いた旨を伝えます。思わずお礼を伝えたくなりますが「ありがとう」と言ったり、お礼状を出すのはNGです。不祝儀が行き来するのは、くり返し、あとを引くという意味となり、失礼にあたるのです。

　この場合、「お見舞い」というかたちで連絡を取りましょう。「恐縮です。落ち着かれましたか？」といった言葉を挟めば、感謝の気持ちは伝わります。

金額　コーヒーやお茶などで半返し

　香典のお返しの目安は3分の1〜半分で、返し方は2種類あります。現在の主流は、2500円の品物を、当日に香典返しとして渡す方法。1万円以上香典を出してくれた人には、さらに香典返しを追加します。

　もうひとつは、当日は清めの塩とハンカチなど少額の品（御会葬御礼品）だけを渡し、香典返しはすべて後日、金額に応じて行なう方法です。品物は、コーヒー、お茶、タオルなどのギフトセットが定番です。

年賀状のマナー

もらって悪い気はしない年賀状。出さないのが習慣の会社もあるので、事前に確認しましょう。

手　順　出すべきかどうか先輩に聞く

　上司や同僚に年賀状を出すかどうかは、部署内の決まりに従います。同じ部署の上司や先輩、何人かに聞いてみましょう。出す習慣がある場合は、直接住所を聞きます。個人情報ですので、無理強いはしないように。

　印刷だけの年賀状は儀礼的になりすぎるので、ひと言そえましょう。なお、あて名面を印刷することは、失礼にあたりません。元旦に届く受付期間は、毎年12月15日〜24日です。

言葉遣い　謙譲表現の「謹賀新年」などがおすすめ

「迎春」「賀正」「新春」などは、目上の人へのあいさつとしては不適という意見があります。賀詞は「謹んで」や「恭しく」の意が含まれるものがよいでしょう。「謹賀新年」「恭賀新年」「謹んで新年のお慶びを申し上げます」などがおすすめです。

「明けましておめでとうございます」はよいのですが、「新年明けまして」とすると、重複表現だという人もいます。避けたほうがよいでしょう。

よくある失敗 先輩に住所を聞くついでに、同じ部署のみなさんの住所を教えてもらいました。全員に年賀状を出したら「勝手に住所を教えたのはだれだ！」と問題に……。本人に直接聞きましょう。

お返し 1月15日以降は寒中見舞いで

出していない人から年賀状をもらったら、すぐにお返しをします。その際も「おめでとうございます」「お年賀状をいただき、ありがとうございます」とお礼をそえてもかまいません。

年賀状は、15日の小正月がすぎて届けるのは、よくないとされています。もし出しそびれてしまったら、「寒中見舞い」で立春（2月4日ごろ）まで出しても問題ありません。また、喪中の人にも出すことができます。

こんな場合 メールで代用もOK

現代では、年賀状に代えて、新年のあいさつをメールでしてもマナー違反ではないという考え方が主流です。そもそも年賀状自体が略式で、本来は参上して直接あいさつすべきところを、はがきで略しているという理由からです。ただし、年末年始のメールに埋もれてしまう可能性が高いということは覚えておきましょう。

それよりも、めったに会わない人との交流でこそ、年賀状のよさが出るかもしれません。

プライベートのつきあい

お誘いは、人間関係が深まるチャンス。ただし、あくまで会社での関係をふまえましょう。

心得 つきあいはビジネスチャンス

アフター5や休日に先輩や同僚から誘われたら、積極的に参加しましょう。仕事に慣れてくると、誘われる機会が増えます。自分の時間がほしい、面倒だと、気の進まない人もいるでしょう。まずは、自分のルールを決めておくことをおすすめします。

どう判断するかは人それぞれ。ただし、悪意をもって誘う人はほとんどいません。無理して参加しても疲れるだけですが、あからさまに断わるのは避けましょう。

手順 全員参加は出席しておく

忘年会や同期会など、全員参加が望ましい場は出席しましょう。スポーツ大会など、休日の社内行事も様子を見る程度で参加するほうがよいでしょう。

もっともむずかしいのが、上司や先輩などとの数人の飲み会です。いままで聞けなかった話や、個人的な趣味などを楽しむことで関係を深められるかもしれません。新人なら、割り切って一度飛び込んでみるというのも手でしょう。

よくある失敗　飲むとグチ、悪口ばかりの先輩に誘われて、断わりきれず……。ストレスになるような人とつきあう必要はありません。日ごろから距離を置きましょう。

こんな場合　幹事は責任をもって務める

　飲み会やスポーツ大会などで幹事役に指名されたら、最後まで責任をもって務めあげる覚悟を決めましょう。どんなに楽しみだった行事でも、自分の楽しみより、みんなの満足を優先させることになります。

　日程や場所、予算の調整、余興や贈り物の準備、当日の分担など、てきぱきと計画します。規模にもよりますが、すべてひとりでこなすのが無理だと思ったら、同僚や先輩に相談して、協力してもらうことも必要です。

言葉遣い　誘いを断わるときは、まず感謝の言葉を

　参加できない場合は、「お誘いいただき、ありがとうございます。残念ですが先約があります。また誘ってください」。次は参加したいという気持ちを伝えるのが重要です。理由までしっかり説明して丁寧に断われば、気持ちは伝わるでしょう。ただし、続けて断わると誘われなくなりますので注意しましょう。

　参加したくない場合は、「また誘ってください」のかわりに「申し訳ありません」と伝えます。

索引

主要参考文献

『図解 社会人の基本 マナー大全』岩下宣子（講談社）

『図解 マナー以前の社会人常識』岩下宣子（講談社）

『一行で覚える できる大人のふるまい方』岩下宣子（講談社）

『これだけは知っておきたい！ ビジネスマナー BOOK』岩下宣子監修
（新星出版社）

『面白いほどよくわかるビジネスマナー』岩下宣子監修（日本文芸社）

『「大人の男」の所作と作法』岩下宣子監修（祥伝社）

『「感じのいい人」がしている大人の気配り』岩下宣子監修（PHP 研究所）

『一生、恥をかかない！ マナーの鉄則』西出ひろ子（マガジンハウス）

『面白いほどよくわかる ビジネス文書の書き方』東條文千代（日本文芸社）

『使える！ 好かれる！ ものの言い方伝え方 マナーの便利帳』澤野弘監修
（学研パブリッシング）

『誰もが頭を悩ます 微妙なマナーがズバリ！ わかる本』夢プロジェクト編
（河出書房新社）

『できる大人のモノの言い方大全』話題の達人倶楽部編（青春出版社）

監修／岩下宣子（いわした・のりこ）
マナーデザイナー。現代礼法研究所主宰、NPO法人マナー教育サポート協会理事長。企業をはじめ、学校、商工会議所、公共団体などでマナーの指導、研修、講演と執筆活動を行なう。著書に『社会人の基本 マナー大全』『社会人の基本 敬語・話し方大全』『図解マナー以前の社会人常識』（以上、講談社）、『これだけは知っておきたい！ ビジネスマナーBOOK』（新星出版社）、『図解 大人の"品格"をあげるマナーと常識 完全保存版』（宝島社）など多数ある。

編集・構成／造事務所
1985年設立の企画・編集会社。おもな編著書に『ビジネス敬語力ドリル555』（日経ビジネス人文庫）、『「大人の男」の所作と作法』（祥伝社黄金文庫）、『「感じのいい人」がしている大人の気配り』（PHP研究所）など。

日経文庫 1354

仕事で恥をかかないビジネスマナー

2016年4月15日　　1版1刷

監　修	岩下宣子
編集・構成	造事務所
編　者	日本経済新聞出版社
発行者	斎藤修一
発行所	日本経済新聞出版社

http://www.nikkeibook.com/
東京都千代田区大手町1-3-7　郵便番号 100-8066
電話　(03) 3270-0251（代）

装幀　next door design
印刷・製本　シナノ印刷
©Noriko Iwashita, ZOU JIMUSHO, Nikkei
Publishing Inc. 2016
ISBN 978-4-532-11354-4

Printed in Japan